Inoue Daisuke
井上大輔
著

iPhone & iPadで英語をモノにする!

\TOEIC900点/
も夢じゃない学習法教えます

駿河台出版社

■商標について
iPhone、iPod、iPad、Safari、iTunes は米国 Apple Computer, Inc. の米国および他の国における登録商標です。
その他、ソフト名は一般に各メーカーの商標または登録商標です。
なお、本文中では™および®マークは明記していません。
書籍の中では通称またはその他の名称で表記していることがあります。ご了承ください。

はじめに	本書の構成について	4
第 1 章	偶発的な学習を行う意識	20
第 2 章	英語を学ぶとはどういうことか？	38
第 3 章	iPhoneとiPadで英語に触れる	70
第 4 章	アプリを使って勉強しよう	94
第 5 章	電子書籍とオーディオブックで英語を学ぶ	116
第 6 章	Twitterを使って書く英語を学ぶ	136
第 7 章	会話力へのつなげ方	150
第 8 章	TOEICに挑戦する ～高得点を目指して～	174
おわりに		192

本書の構成について

 タイトルからも分かるとおり、本書はiPadやiPhoneを使って英語を勉強するための本です。なので、本来であれば、この後すぐに「iPadやiPhoneを使うとこんな勉強ができる」というのを説明するべきなのかも知れません。ですが、その前に少し、そもそもなぜ本書を書くに至ったかを説明させてください。

 というのは、そこから始める方が、iPhoneやiPadを使って英語を勉強することの魅力が伝わりやすいと思うからです。実は、私自身、最初はiPhoneやiPadを語学学習に使う意義を理解していませんでした。そのため、最初に本書の担当編集者である山田さんから「語学を勉強している人は、iPhoneを買うべきだ」と聞いた時も、「そうか」と思いこそすれ、実際にiPhoneを買い、iPhoneを使って外国語の勉強を始めるまでには至りませんでした。恐らく本書を手に取っている皆さんも、この時の私と同じように感じているのではないでしょうか？

 もちろん、中にはもう既に様々な機能を使いこなし、iPhoneやiPadをバリバリと英語学習に活用している方もいるはずです。けれども、多くの方はiPhoneやiPadがなんとなく英語学習に役立ちそうな気はするものの、実際にどう使うかとなると皆目わからず、**アプリ**[1]（ソフト）をいくつか**ダウンロード**[2]したり、語学教材に付属のCDを取り入れたりしたまま、結局使わずじまいになってしまっているというケースが多いのではないでしょうか？

 そういう状況に置かれたあなたに、いきなり、「iPhoneとiPadはここがすごい。だから、iPhoneやiPadを使って英語を勉強しよう」と訴えても、恐らくは混乱を巻き起こすだけでしょう。そうした無用の混乱を引き起こさないためにも、執筆者である私自身がiPhoneやiPadに無関心だった時期から、どのような変化を経てiPhoneやiPadを使って英語を勉強する本を書くようになったかを説明することから、本書を始めていくことにしたいのです。

iPhone

米国アップル社が2007年から発売をはじめたスマートフォン(電話機能にコンピュータの機能をもたせたもの)。世界中で5000万台を売り上げたとされる。そもそもはメモリプレーヤー(半導体に記憶する)を合わせ持つ電話であるが、アプリと呼ばれるソフトウェアによって自在に機能や利便性を拡張できるところが魅力。

iPad

米国アップル社が2010年に発売したタブレット型メディアプレーヤー。基本的な機能はiPhoneとほぼ同じだが画面が広く、今後の電子書籍プラットフォームの1つとして注目されている。

---

(1) アプリケーション(ソフトウェア)の略。iPhone／iPadに関してこの略語が使われるが、アイアップ(iApp)またはアップなどともいう。

(2) iPhone／iPadに関してはアプリをiTinesと呼ばれる専用ソフトを通してダウンロードを行う(後述)。もちろんiPhone／iPadからApp Storeを通じて直接ダウンロードを行うこともできる(後述)。

はじめに

なぜiPhoneに興味を持つようになったか？

　ところで私がiPhoneに興味を持つようになったきっかけですが、これは2010年の2月頃にさかのぼります。先ほども述べたように、本書の担当編集者である山田さんとたまたま昼ご飯を一緒したときに、「これはすごいよ」とiPhoneを見せてもらったのが、始まりでした。といっても、この時はiPhoneがすごくハイテクな機器であることはわかるものの、語学学習にどう使えるかはいまいち理解できず、「へー、そのうち買おう」という程度に留まっていました。

　ところが、2010年の4月、それまで使っていたauの携帯が突然壊れました。最初のうちはせっかくだからそのままauの携帯を使い続けようかと思っていたのですが、お店に行くとポイントが5000円ほどしか溜まっていなかったため、私が「いいな」と思った携帯を購入するためには、1万円ほど余分に払わないといけませんでした。「それはちょっと……」と思いながら町を歩いていたら、たまたま携帯ショップの店頭で「キャリアを変更するならソフトバンク！　iPhone無料＋1万円キャッシュバック！」というキャンペーンをやっているのを見て、ついにiPhoneを購入するに至ったというわけです。

　もっとも、こうして買ったばかりの時は、iPhoneやiPadが英語を勉強する上で優れたガジェット（機械）だという認識は、まだそれほどありませんでした。iPhoneやiPadに対する考えが変わり始めたのは、iPhoneで**オーディオブック**並びに**キンドル**を使うようになってからのことでした。ここでこの2つを知らない方のために簡単に説明すると、オーディオブックとは外国語で書かれた本を朗読している**mp3ファイル**[1]のことであり、そしてキンドルとは英語を筆頭とする外国語の書籍をiPhone上で読むアプリのことなのですが、この2つを利用するになって始めて、「ああ、iPhoneって凄いかも？」と思い始めたのです。

　そして、その後英語やそれ以外の外国語を勉強するためのアプリをダウンロードするようになってからは、「これって凄いかも？」という疑問を伴った驚きが、「これは凄い！」という確信に代わり

始め、そしてついには頼まれてもいないのに iPhone で英語を学ぶ本を書き始める事態にまで発展していったのです。

Kindle(キンドル)

Kindle はネット書店大手アマゾンが販売する電子書籍端末のことだが、運営する電子書籍サイトについてもそう呼ぶ。ネットを通じて電子書籍を買って読むことができる。一部を無料で読むことができるようになっているので、買う前に内容を確認できる。写真は、iPhone 向け iApp。

オーディオブック

本を読み上げたものが主流だが、外国語の場合、音声部分のみを販売していることも多い。音楽ダウンロードサイト iTunes で販売をしている。

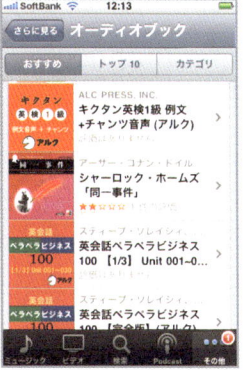

(1) mp3 ファイルとは音楽プレーヤーで再生できる音楽データの名称。一般的には意識しなくてもよい。ちなみに CD のディスクに入っているデータとは形式が異なる。

英語とダイエットはよく似ている

　ところで、いったいiPhoneの何が一体それほど私に感銘を与えたのでしょうか？　それには複数の理由があるのですが、一番大きいのはやはりiPhoneが外国語の**アンビエント化**を可能にしてくれるという点です。本来であれば、この後すぐアンビエント化とは何かについて説明すべきなのでしょうが、ここで少しダイエットと英語の勉強の関係について説明させてください。

　突然ですが、ダイエットと英語の勉強は、よく似ています。どこが似ているかというと、2つとも要するに生活習慣の問題であるということです（ちなみに、このアイディアは拙著『捨てる英語勉強法　リスニング編』などでお世話になっている三修社の三井るり子さんからいただきました。ありがとう！）。太っている人が何故太っているかというと、病気などの特殊な場合を除いては、自分が必要とする以上のカロリーを摂取しているからです。ですから、食事のスタイルを変えれば、必ず今よりも痩せます。

　英語もそれと同じで、英語に触れる習慣をつけておけば、必ず上達します。もちろん、やり方によってある程度上達のスピードは変わるかも知れません。また、自分が目的とする英語力とは全く異なる英語力をつける訓練をしていれば、いくら練習しても自分が目指す英語力が身につかない可能性もあります。ですが、基本的には、一度英語に触れる習慣さえつけてしまえば、後は勝手に上達していくのです。

　そういう意味では、英語もダイエットも、成功の秘訣は非常に単純といえるでしょう。複雑なことはしなくても、ただ生活習慣を変えるだけでいいのですから。ですが、ダイエットも英語も実際に成功する人は少ない。なぜかというと、生活習慣を変えること自体がとても難しいからです。

アンビエント (ambient)

英語で「周囲の」、「環境の」という意味だが現在のユビキタス社会（コンピュータを意識せずに使っている社会）のなかでは重要なキーワードとなっている。アンビエント社会、アンビエント情報社会など。

アンビエント（情報）社会

例えば現在のケータイには標準でついているGPSの機能を使えば、ケータイの位置を知ることができる（iPhoneを紛失した場合にネットから探すことができる）。ユーザーはこの機能を使っている意識はない。このように、知らず知らずのうちに、ユーザーの行動や趣向などが情報化されていく社会のことをアンビエント情報社会という。

はじめに

iPhoneとiPadで
英語のアンビエント化が可能になる

　しかし、iPhoneとiPadは、努力なしで生活習慣を変えることを可能にしてくれます。というのは、先ほども書いたように、iPhoneやiPadを使うことで、英語を**アンビエント化**することが可能だからです。

　アンビエント化というのは、『電子書籍の衝撃』を書いた佐々木俊尚さんが用いた言葉で、平たく言えば「いつでもどこでも手に入る」という意味です。『電子書籍の衝撃』では、iPhoneやiPadを使うことで、書籍が紙というメディアが無くても存在しうる、空気のような存在になると書かれていましたが、英語学習においても同じことが言えます。どういうことかというと、参考書、CD、DVD、ラジオといった、英語を勉強するためのメディアが無くても、英語が勉強できるようになるということです。

　具体的には、通勤途中で「ああ、最近英語の勉強してないな」と思ったら、参考書やCDを持っていなくても、その場でiPhoneを取り出し、勉強することができるようになったということです。これがどれだけ便利かというのは、体験していない方にはなかなか説明しがたいものがあります。

　例えるならば、今までえっちらおっちら何時間もかけて海までサーフィンをしに行っていたのが、海のそばに引っ越していつでもサーフィンができるようになった状態とでも言いましょうか。

　いくらサーフィンが好きでも、海に行くまで何時間もかかるようでは、気軽にサーフィンをするわけにはいきません。英語の勉強もそれと同じで、勉強をするのに、特別な道具が必要だと「気が向いたとき」にすぐ英語を勉強するというわけにはいかないのです。

　けれども、iPhoneやiPadを使うことで、こうした問題がいとも簡単にクリアできるようになったのです。これは、本当に画期的な進歩です。

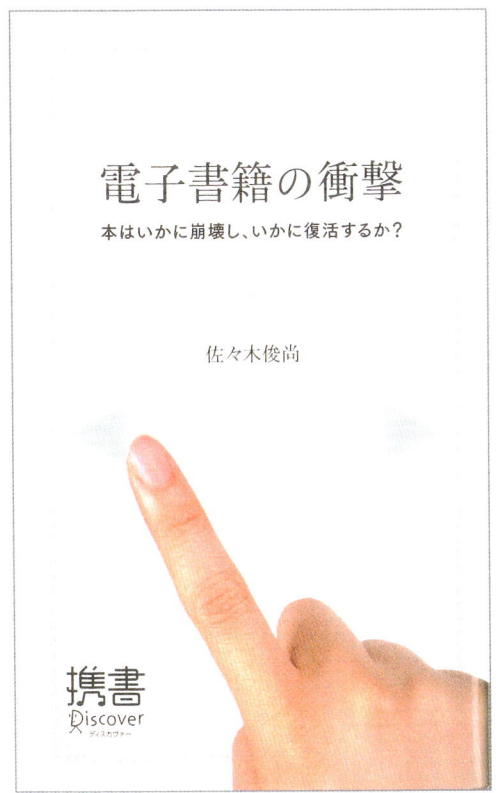

電子書籍が出版に与えたような衝撃を iPhone は英語教育に与えるだろうか？ 少なくとも、一定のパラダイムシフトをもたらすことは間違いない。というのは、iPhone を用いることにより、今まで日本人が苦手としていた音声という領域を文字と同時に学ぶことが可能になったからだ。これは言い換えれば、日本人の好む「受験勉強」のスタイルで英語が話せるようになることを意味する。であるならば、日本独自の英語の勉強法が新しい段階に入ってもおかしくはないだろう。

文字と音声をシームレスに使えるという利点

　今述べた「英語のアンビエント化」以外にも iPhone や iPad にはもう1つ優れた利点があります。それは、文字と音声を同時に利用することができるということです。言葉というのは、文字情報と音声情報から成り立っています。ですから、言葉を学ぶためには、この2つをマスターしないといけません。ですが、DVD やパソコンのような例外を除いて、本や CD に代表される今までの学習器具では、この2つの情報を同時に扱うのは不可能でした。

　そのため、どうしても文字と音声のどちらかがおろそかになりがちでした。特に、日本で勉強していると、入ってくるのが文字情報に偏る傾向があります。なので、例えば candidate（候補者）という単語を間違ってカンディダと覚えたりしてしまい（実際に私の妹はこう覚えていました）、目で見れば分かるけど耳で聞くとわからないとなりがちです。

　ですが、iPhone および iPad はこうした問題を解決してくれました。なぜかといえば、iPhone と iPad を使うことで、音と文字をシームレス[1]に扱うことが可能になったからです。よりわかりやすく言えば、音と文字という異なる情報を、iPhone または iPad という1つの器具で扱うことが可能になったということを意味します。つまり、例えば後で紹介する「TOEIC 分類単語」というアプリを使えば、candidate という単語をタッチするだけで、カンディディトと音を発音してくれるので、文字と音を同時に学ぶことが可能になり、文字と音の乖離が生じにくいということです。

　もちろん、CD や MP3 に代表される音声教材を、書籍に代表される文字教材と組み合わせれば、文字と音のすりあわせを行うことは可能です。けれども、音と文字で別々の教材を持ち歩かないといけないこれらの学習法に比べると、音と文字を同一に扱える上に、そもそも教材を持ち歩かなくていい iPhone や iPad の方が優れているのはいうまでもありません。

媒体の違いによる文字と音のズレが生まれやすい

iPhoneまたはiPadを使う場合1つの媒体で
文字と音を同時に扱えるので、文字と音のズレが生まれにくい

---

(1) シームレス……複数のものに「継ぎ目」あるいは「垣根」がないこと。

iPhoneとiPadで英語学習が楽しくなる

　今までiPhoneやiPadを使った英語学習の2大利点について説明してきたのですが、皆さんもお気づきのように、iPhoneやiPadを使った勉強法は実は特に目新しいものではないということです。もちろん、この先独自のアプリなどが開発されていけば、全く違った勉強法が出現する可能性もあります。ですが、現状ではiPhoneやiPadで行いうる勉強法自体は、既存の勉強法とそれほど変わらないといえるでしょう。では、なぜiPhoneやiPadを勉強に用いるのでしょうか？

　それは、今までの語学学習に関する苦労は、語学を学ぶことから生じる苦労ではなく、学ぶための教材が不完全であることから生じる苦労であり、英語のアンビエント化、ならびに音声と文字のシームレス化[1]という利点を持つiPhoneならびにiPadを英語学習に活用することで、英語学習と関係ない苦労を減らすことができるからです。

　英語を学ぶためには英語を学ぶための学習時間を捻出しなければいけないと言われますが、文字と音声をシームレスに扱えるiPhoneやiPadで英語がアンビエント化すれば、わざわざ英語を学ぶためのまとまった時間を捻出しなくても、気分が向いたときにいくらでも英語を勉強することができます。

　また、日本人はリスニングが苦手だと言われますが、これは今までの学習器具が文字情報と音声情報のどちらかしか扱うことができなかったからです。ですが、iPhoneやiPadを使えば、わざわざリスニングのための勉強をしなくとも、自然と音声情報が身につきます。

　このように、今まで英語学習に特有の苦労と思われていたのは、実は英語学習とは関係のない、器具の不備から生じる苦労だったのです。ですが、iPhoneとiPadを使えば、こうした英語学習とは関係のない苦労を軽減することができるので、その結果、英語学習が楽しくなるのです。

著者のiPhoneのスクリーン

iPhoneを使うことで改めて語学学習の魅力に気づき、オランダ語やポルトガル語など それまでやっていなかった語学を始めた。

---

(1) シームレス化……複数のものに「継ぎ目」あるいは「垣根」がなくなること。

なぜiPhoneとiPadを使いこなすのが難しいのか？　その1

　このように優れた利点を持つiPhoneとiPadですが、私の印象では実際にiPhoneやiPadを英語学習に活用できている方は決して多くないように思われます。いったい、なぜでしょうか？　その理由は大きく2つあります。1つは、iPhoneやiPadは使い方に対する自由度が高いので、今まで英語をあまり勉強したことがない人が英語の勉強に使おうと思っても、どう使っていいか分からないからです。

　ところで、「自由度が高すぎるから使いにくい」と聞いて、意外に思う方もいるかもしれません。ですが、一般的に人間は、あまりに自由度が高すぎると、何をどうしていいかわからなくなりがちです。例えば、小論文を書く場合も、「鳩山政権下における日米外交に関する問題点、特に沖縄基地移転問題について論ぜよ」というテーマの方が、より自由度の高い「鳩山政権について論ぜよ」というテーマや、はたまた更に自由度の高い「政治とは何か？」というテーマよりも、ずっと書きやすいはずです。

　iPhoneやiPadもそれと同じで、アプリに**ポッドキャスト**[1]、**YouTube**[2]から電子書籍にオーディオブックと様々な学習機能がそろっており、しかも多用な使い方ができるため、どうしていいかわからなくなってしまい、逆に用途の限定された書籍やCDの方が使いやすいと感じてしまうのです。

　ですが、この点に関して本書では様々な利用法を説明しました。読んでいただければ、問題なくクリアできるはずです。

---

(1) ポッドキャスト (Podcast) … iPodのPodとBrodcast (放送) のcastから造られた。Web上でMP3形式の音声を配信するサービスの総称。

(2) YouTube (ユーチューブ) … 現在は米Google社の傘下に入っているが、Web上の国際的無料動画配信サイト。

iPhone, iPadをパソコンにつないでみよう

■ 専用コードをiPhoneにつなぐ

■ もう一方をパソコンのUSBの接続口につなぐ。ただこれだけ！

■ 自動的にiTunesが起動してオーケー
※あらかじめiTunesをダウンロードしておく必要がある

iPhoneはパソコンなしでも使えるが、つなぐ方がより多様な使い方ができる

なぜiPhoneとiPadを使いこなすのが
難しいのか？　その2

　それに対し、2つめの理由は、もう少し根が深いです。なぜかというと、この2つめの理由は、私たちの考え方そのものに潜んでいるからです。一般的に日本の学校では、「知識伝達」という形で英語の授業が行われます。どういうことかというと、教師が学生に向かって英語について説明するという形式で、英語の学習が行われるということです。

　そのため、iPhoneやiPadで英語を勉強するときも、どうしてもこうした学習形式を無意識のうちに思い浮かべてしまうので、iPhoneやiPadを使って英語を勉強するときも、「知識伝達」型の教材を求めてしまいがちです。もちろん、こうした教材がiPhoneやiPadで利用できないというわけではありません。ですが、こうしたタイプの教材に関しては、旧来の学習方式、つまり本や学校の方が豊富な蓄積を誇っています。そのため、「知識伝達」型の学習をしようとすると、「iPhone（iPad）って使いにくいなぁ……」となってしまうのです。

　こうならないためには、英語学習に対する考え方を変える必要があります。私たちは英語とは意図的な学習の対象であり、こうした学習が終わってからでないと、英語自体に触れることはできないと考えがちです。ですが、実は英語を勉強している途中から英語に触れることは可能ですし、そのように英語に触れる事を通して起こる**偶発的な学習**は、意図的な学習と同じくらい、英語を学ぶ上では大切なのです。

　もっとも、そうは言っても、今までの学校教育を通して根付いた英語観を変えるのは簡単ではありません。ですから、第1章では、英語を学ぶ上で**偶発的な学習**がどのような役割を果たしているかを説明することにしましょう。

説明を聞いているだけではわからないこともある。

iPhoneを使って英語に触れていることで、昔習った事柄が体に染み込み、その結果新しい理解をもたらす。

学びには2つある

　第1章では、**偶発的な学習**が英語を学ぶ上で果たす役割を説明していきたいのですが、本書を読んでいる方の中には、そもそも**偶発的な学習**や**意図的な学習**という言葉を聞いたことがない方も多くいると思います。ですから、まずは、**偶発的な学習**、ならびに**意図的な学習**とは何かについて説明していくところから、第1章を始めることにしましょう。

　突然ですが、学びには大きく2つあります。1つは何かを身につけようと思って意識的に行う、**意図的な学び**です。もう1つは、何かを身につけようという意識はなかったものの、学ぼうとする事柄に触れているうちに染み込むように何かを学んでいく、**偶発的な学び**です。

　例えば、人の名前を覚える場合にしても、仕事などで得意先の名前を明日までに覚えなければいけないという場合であれば、名前を紙に書いたりして覚える**意図的な学び**を行うでしょう。それに対して、趣味を通じてできた友達であれば、いつも顔を合わせているうちに、次第に名前を覚えていくという**偶発的な学び**を行うでしょう。

　このように、**意図的な学習**と**偶発的な学習**を組み合わせて、人間の学びは進んでいくのです。それは英語学習でも同じです。単語を覚える場合にしても、単語帳を使って単語を覚えるときもあれば、洋書を読んだり、DVDを英語字幕で見たりすることを通して、次第に単語が身についていくこともあります。先ほどのダイエットの例を使えば、毎日の食事が**偶発的な学習**、サプリメントや運動が**意図的な学習**といえるでしょう。

　この**意図的な学習**と**偶発的な学習**ですが、これはどちらが優れているというわけではありません。第2章で述べるように、どちらも一長一短あり、この2つを組み合わせていくことで、学びを進めていくことが大切なのです。

iTunesの使い方

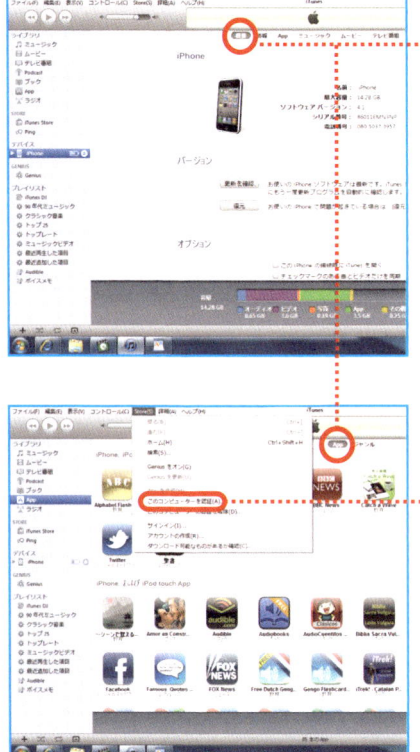

ここをクリックするとiPhoneで購入したアプリが一覧できる

メニューの「Store」の「このコンピューターを認証」でiPhoneでアプリを買ったときのアカウントを登録するとiPhoneで買ったアプリをiTunes(パソコン)に転送できる

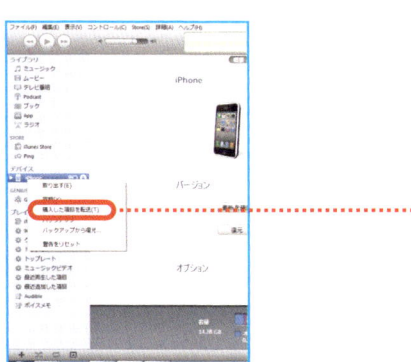

iPhoneで買ったアプリを転送するためには右クリックで「購入した項目を転送」をクリックするか「同期」ボタンで

英語学習観の変化

　ですが、日本における英語教育では、もともと**意図的な学習**が重要視されがちです。それは、学校の英語の授業が、先生が生徒に英語についての説明をするという、知識伝達スタイルを基本軸にしていることからも分かるでしょう。そのため、もともとも日本人は英語を**偶発的な学習**で学ぶのを苦手としています。

　そして、こうした傾向に拍車をかけたのが、ゼロ年代における効率重視の態度です。これは、ビジネスの分野でリストラに代表される効率重視の考え方が重要視されるようになり、それまでは「効率」というものさしが持ち込まれていなかった分野にも「効率」という観点が導入されるようになった結果といえるでしょう。

　もちろん、こうした変化自体は必ずしも悪いことではありません。というのは、効率という概念が導入されることにより、英語ができるようになるためにどうすればいいかという疑問に対して、抽象的に「英語力を上げろ」と答えるのではなく、具体的に「これだけの時間をかけて、こういう勉強をすればいい」というのが分かるようになったからです。

　TOEICの勉強にしても、私が初めてTOEICについて知った10年前と今とでは大きく変わりました。当時はTOEICの勉強方法もまだ確立されておらず、とにかくたくさん英語を聞いて、たくさん英語を読めという、指導とも言えない指導がなされていました。

　しかし、TOEIC受験者が増えるにつれ、次第にどうすれば効率よくTOEICの点数が伸びるかという方法論が確立されていき、現在ではセクションごとの勉強方法や、TOEICに出てくる単語のリストなどが公開されるようになりました。その結果、短期間でTOEICの高得点をとる人が続出するようになったのです。

　これはTOEICだけでなく、英語教育における他の分野においても同様です。私は大学院でフランス語とスペイン語について研究していたのですが、こうした英語以外の語学の参考書と比べると、英語の参考書の進歩具合には目を見張るものがありますし、その結果、英語を学ぶのは前よりもずっと楽になったといえるでしょう。

CDをiPhoneへ入れてみよう！

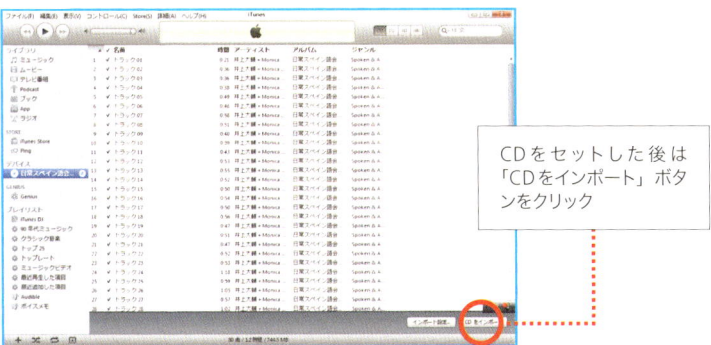

CDをセットした後は「CDをインポート」ボタンをクリック

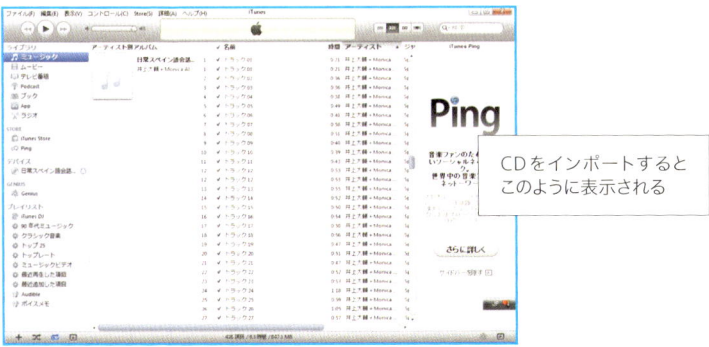

CDをインポートするとこのように表示される

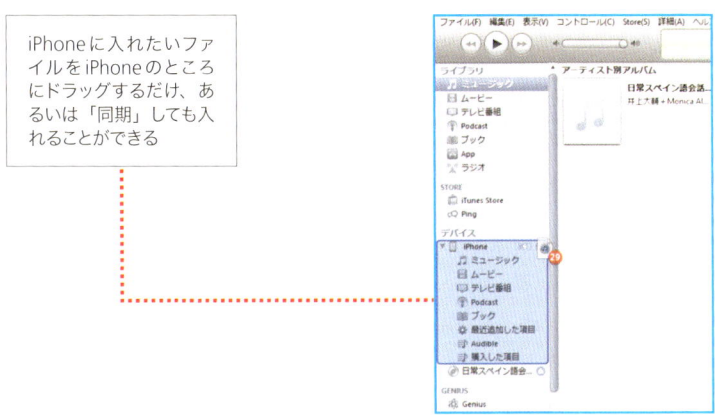

iPhoneに入れたいファイルをiPhoneのところにドラッグするだけ、あるいは「同期」しても入れることができる

なぜ効率的な学習だけだと行き詰るのか？

　ただ、私は英語教師として様々な人に英語を教えるにつれ、あまりに効率がよすぎると、むしろ逆に英語の勉強に行き詰まりを感じるのではないかと思うようになりました。なぜかというと、英語学習の効率を高めようとすると、最終的には学習がすべて暗記にならざるを得ないからです。その理由は効率の定義を考えればすぐ分かります。

　効率という概念が成立するためには、始めと終わりが決まっていないといけません。というのは、効率というのがスタートからゴールをいかに短期間で駆け抜けるかというのが概念である以上、スタートとゴールが設定されていないと、効率を測定することそのものが不可能になってしまうからです。

　ところが、「門前の小僧習わぬ経を読む」ということわざからも分かるように、偶発的な学習というのは、学びを行う本人でさえも、前もって何を学ぶかを予想することができません。学んだ後で初めて、「ああ、自分はあの経験を通して、こういうことを学んだのか」ということが分かるのです。

　なので、もしすべてを効率的に行おうとすると、原理的にこうした偶発的な学びを行うことはできなくなってしまいます。こうしてすべてを意図的に学ばざるをえなくなり、結果、外国語学習が、「いついつまでにこれを覚えよう」という暗記に堕してしまうのです。

　このように、あまりに効率を追求すると、本来は暗記を軽減してくれるはずの偶発的な暗記が取り除かれてしまい、その結果、勉強自体がefficient（効率的）だけどeffective（効果的）とは言いがたいものになってしまうのです。

Application

効率のみを追求するのは山を一直線に登るようなもの。

効率を自分から落とし、わざと回り道をすることで、時間はかかるが楽に山が登れる。

学校での英語教育は意図的学習のみで組み立てられ、高度に効率的な学習方法である。もし、その方法で英語が話せなかったのならば、一度効率を落とした学習方法に取り組む価値はあるだろう。

自分から効率を落とす

　今見たように、多くの人が英語の勉強を投げ出してしまうのは、結局のところ効率がよすぎて勉強が辛いからです。では、どうすればいいのか？　その答えとして私が行きついたのが、「自分から効率を落とす」ことでした。

　先ほど述べたように、**偶発的な学習**は独自の効果をもたらします。ですから、**偶発的な学習**を排除してしまうと、学びが味気のないものになってしまうのです。通常の食事を全くとらず、バナナやリンゴやサプリメントだけで栄養バランスを整えることを想像すれば、こうした**意図的な学習**だけで英語を学ぶのがどれだけ大変か分かるでしょう。

　そうならないためには、自分から効率を落とす、つまり**意図的な学習の量を自主的に減らして、代わりに偶発的な学習の量を増やす必要がある**のです。具体的には、単語の暗記や文法書の理解に費やす時間を減らす代わりに、Safari（**サファリ**）[1]でワールドカップの公式サイトを読んだり、アプリを使ってゲーム感覚で英語に触れたりすることで、英語に触れる量を増やし、**偶発的な学習**ができるようにするのです。

　もっとも、すべてを**偶発的な学習**にしてしまうと、今度は効率が悪くなりすぎます。それに、これは第2章で述べますが、英語に関する知識の中には、**偶発的な学習**だけでは身につかない、または身につきにくい事柄もあります。

　ですから、意図的な学習と**偶発的な学習**を、「いい加減」でおりまぜていかないといきません。ただ、いずれにせよ、「効率を自分から下げる」ことで、**偶発的な学習**を行う必要があるということだけは否定しようのない事実です。

オーディオブック

audibleやiTunesからダウンロードしたものを、iPhoneやiPadのiPod機能で聞くことができる。

Kindle（キンドル）

アプリ自体はダウンロードする必要がある上に各書籍は有料。だが、最新作から旧作まで、読みたいものが読めるのがうれしい。

BBCのアプリ

最新のニュースを読んだり、聴いたりすることでも、多読・多聴を行うことができる。

iPod（アイポッド）、Kindle（キンドル）、アプリなどによる多読と多聴で、うまく効率が落とせる

---

(1) iPhone, iPadに付属するWebブラウザの名称。

目的地に着くだけが旅じゃない

　ところで、「自分から効率を落とす」と聞いて、「そんなことしたら、疲れるだけでしょ？」と思う人もいるかもしれません。たしかに、効率を上げることに慣れた頭からすると、効率を落とすというのは、遠回りをして無駄な苦労を背負い込むことにしか思えないかもしれません。だからこそ、ビジネス書のコーナーには、「いかに効率を上げるか？」という本があれだけ並んでいるのでしょう。
けれども、「効率を上げる」ことは常にいいことなのでしょうか？
　この点に異議を唱えたのが、『いつまでもデブと思うなよ』で大ヒットを飛ばした岡田斗司夫氏です。『いつまでもデブと思うなよ』の冒頭で、氏は「ダイエットは楽しい」という考え方を提唱し、それを「旅行だって目的地だけが全てじゃない」というひと言に集約していますが、これは卓見と言えるでしょう。
　目的思考に慣れた頭からすると、短期間で目的地にたどり着くことだけに意味があると考えがちです。ですが、旅行というのは、目的地に立つことだけが楽しいわけではありません。
　チケットをとったり、ホテルを予約したりする準備の段階や、言葉が通じなくて苦労するというハプニングといった一連の過程も含めて旅行であり、そうした過程があるからこそ旅が面白いというのは、旅好きの人だったら誰しも共感することでしょう。
　このように、世の中には「効率の低さ」がプラスになる局面が往々にして存在するのです。

App Store(アップストア)の使い方

App Store の
アイコンをクリック

初めての時はサインイン
をクリックして登録する

アカウントを持っていない場合
は新たにアカウントを作成する
(クレジットカードが必要)

「詰まる」からこそ面白い

　このことから更に一歩進めて考えると、1つ興味深いことが見えてきます。それは、人間というのは「詰まる」ことにおもしろさを感じる動物だということです。

　漢字で「詰まらない」と書くと分かるように、「面白くない」という意味の「つまらない」という言葉は、もともと「詰まる」ことがないということを表しています。言い換えれば、「つまることがない」、つまり中身がスカスカで、すぐ達成できてしまうことは、「おもしろくない」のです。

　例えば、私の趣味のサッカーにしても自分と同じようなレベルか、それより上の相手と戦うから楽しいのであって、幼稚園児とサッカーをして大量に点を決めても、それこそ「赤子の手をひねる」ようでまったくおもしろくありません。

　このことからわかるように、すべてがスラスラ進むことは必ずしもいいことではないのです。むしろ、目的を離れて道草をするからこそ「面白い」し、そうした非日常の経験を通して日常生活では経験できない新しい事柄が身につくのです。

　もちろん、いつも道草をするわけには行きません。そういう意味では、スタート地点からゴールまで最短距離で行く思想というのも意味がありますし、私自身「捨てる英語」というシリーズで英語の本を何冊か書いていることからもわかるように「何を勉強するか」という戦略面においては、必要のないことを勉強しないことで効率を高めることを勧めています。

　でも、いつもスタート地点からゴールまで最短距離で行くような生活が本当に楽しいかというと、おそらく疑問を覚える人も多いと思いますし、なによりそうした効率重視の勉強法だとほとんどの人が途中で挫折してしまいます。

　ですから、「どうやって勉強するか」という戦術面においては、意図的に効率を落とすことを取り入れてみてください。

アプリをダウンロードしてみよう

App Storeのアイコンをクリック

検索をクリックして「Amazon」を検索

もう一度クリックすると次のような画面になる

ここをクリック

アカウントを取得した時のパスワードを入力すれば自動的にダウンロードが始まる

画面上にアイコンが現れればダウンロードが終了

iPhone及びiPadは
偶発的な学習をするための最高のツール

　そして、そうした意図的に効率を落とすために最高のツール、それがiPhone及びiPadなのです。なぜ最高なのかというと、既に「はじめに」で述べたように、iPhone及びiPadを用いることによって英語を**アンビエント化**することが可能になり、その結果、英語をインプットするという生活習慣を努力なしに築き上げることが可能になるからです。

　実は、iPhoneやiPad以前にも、英語を偶発的に学ぶための様々なツールがありました。洋書、CD、DVD、ラジオなどがそうです。ですから、別にやろうと思えば、iPhoneやiPadなどがなくても**偶発的な学習**はできるわけです。ただ、こうしたツールを使って勉強しようとすると、当然ながらツールを用意する必要があるわけですが、これが意外とめんどくさい。

　そのためになかなか英語に触れる生活習慣を築くことができなかったわけですが、iPhoneやiPadを使えば、特別なツールを用意しなくても、iPhoneやiPadの電源さえ入れれば、あとはいつでも英語に触れることができます。それこそ、「ああ、そういえば最近英語の勉強してないな」と思った瞬間に、その時やっていることを中断して、英語に触れるということが可能です。これは、英語を勉強する上で、本当に画期的なことです。

　しかも、iPhoneやiPadは意図的な学習においても、十分な効果を発揮します。特に、==単語の勉強やリスニングに関しては、使い方によっては既存の学習教材以上に効果的な学習ができます==。というのは、文字と音を同時に扱えない本やCDと異なり、iPhoneやiPadではこの2つの情報を**シームレス**に扱うことができるからです。

　ですから、こうした利点を生かすためにも、ぜひ偶発的な学習を英語の勉強に取り組んでほしいのです。もっとも、だからといって、意図的な学習を捨て、全てを偶発的な学習だけで学んでしまうと、これはこれで問題が出てきます。ですから、iPhoneやiPadを使った偶発的な学習法をする前に、第2章ではどのように偶発的な学習と意図的な学習のバランスをとるかについて説明したいと思います。

iPhoneでiTunesを使う

※iPhone、iPadからiTunesを利用する場合にはWi-Fiで接続されていることが前提となります。

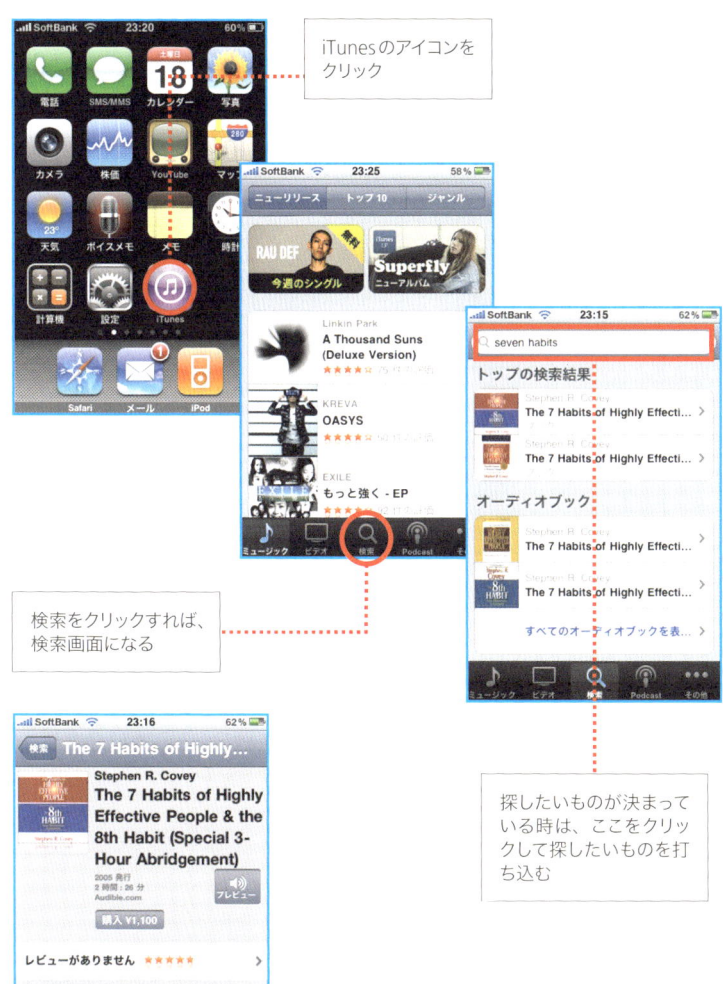

スティーブ・ジョブズに学べ

　今までは英語の勉強における利点という面から、iPhoneとiPadで偶発的な学習をする利点を語っていたわけです。ですが、実は私がiPhoneとiPadで**偶発的な学習**を行って欲しい理由は、もう１つあります。それは、現在の日本が直面する問題を解決するためには、効率的な学習と同じくらい**偶発的な学習**を行うことが必要になるからです。

　「日本は今変革の時期にある」と言われます。それは、日本社会の置かれた現状を見れば分かるでしょう。ここ10年から15年の間に、日本社会の構造はがらっと変わりました。今では、かつては日本企業の大前提であった年功序列と終身雇用というシステムをのほほんと信じている人はほとんどいないでしょう。

　こうした変革の時期を乗り切るためには、前例を賢く踏襲することと同じくらい、いやもしかしたらそれ以上に、前例がないところに新しいものを１から作り出していくことが必要になります。そして、そうした前例がないところに道を切り開いていくことを可能にするのが**偶発的な学習**なのです。

　それは、iPhoneやiPadを作ったアップルの創業者であるスティーブ・ジョブズがスタンフォード大学の卒業祝賀会で行った、『Stay hungry, stay foolish.（満足するな、バカになれ）』という伝説のスピーチからも分かります。本当に新しい物を作るためには、今の自分を超えることが必要であり、そのためには「自分でも何の役に立つかわからないこと」を学ぶことが欠かせません。

　ですが、ゴールを決め、そこに一直線に向かっていくことをよしとする効率思想に基づいて行動している限り、こうした「自分でも何の役に立つかわからないこと」を学ぶことはできません。なぜならば、先ほども述べたように、スタートとゴールをできるだけ短期間で進むのが効率である以上、常に効率に基づいて行動していると、「何の役に立つか前もって分からないこと」を行うことができないからです。

　本当の意味で「新しいこと」を作り出すためには、自分でもその目的が理解できない、**偶発的な学習**を行うことが必要になるのです。

Amazon Mobileを使う

本書で紹介する書籍を購入するときは、アマゾンのアプリで検索してみよう

キーワードを入力

『スティーブ・ジョブズ驚異のプレゼン』はスティーブ・ジョブズのスピーチ術について説明した本。原書の『The Presentation Secrets of Stere Jobs』にはKindle版もある。

まずはiPhoneとiPadで偶発的な学習を試してみよう

　かといって、今まで**意図的な学習**しかしたことがない人に、いきなり人生という大きな舞台で**偶発的な学習**を行えというのも無理な話でしょう。だからこそ、まずはiPhoneやiPodを使った偶発的な英語学習をすることで、偶発的に何かを学ぶことの楽しさを知ってほしいと思います。

　そうする過程で、一時的に効率を捨て自分の中にある衝動に従うある種の愚かさと、それを追い続けるだけのハングリーさ、つまりある種の「大人げなさ」が身についてきますし、そうすれば英語学習だけでなく他の分野でも、**偶発的な学習**を行えるようになってくるはずです。

　もちろん、こうしたスティーブ・ジョブズ的な思想は100％正しいというわけではありません。彼の考えはアメリカの成り立ちに深く影響を受けており、こうした面から考えると、アメリカに特有のローカルな思想に過ぎません。また、こうした思想はけしてプラスの影響だけを持つわけではなく、当然ながら負の面というのも存在します。私が伝記を翻訳したアメリカ人作家ジャック・ケルアック（祥伝社「ガリマール新評伝シリーズ　世界の傑物」から出ているので、興味があれば読んでみてください）も、こうしたアメリカの理想にとらわれ、身を滅ぼした観はあります。

　けれども、こうした「大人げなさ」が人類に多数のプラスをもたらしてきたのもまた事実ですし、そこまで大きなスケールの話をしなくとも、iPhoneやiPadを「面白い」とか「凄い」と思う感性の持ち主は、こうした「大人げなさ」をどこかで評価しているはずです。つまりは、既に述べたように、偶発的な勉強を可能にする「大人げなさ」こそが、iPhoneやiPadを作り出した精神そのものであるからなのです。

　であるならば、一度「**偶発的な学習**」を試してみてもいいのではないでしょうか？　長くなりましたが、以上のような理由から、iPhone及びiPadを持っている人は、ぜひ英語の勉強に偶発的な勉強を取り入れるようにしてください。

Amazon Mobileで検索する

はっきりとした書名がわからない時は、
「キーワード+(スペース)+著者名」で検索

クリックすれば
書影も見られる

『ケルアック』(「ガリマール新評伝シリーズ」祥伝社、2010年、本体1800円

スタンフォード大学でのスティーブ・ジョブズのスピーチの決まり文句、「Stay hungr, Stay foolish」は Whole Earth Catalogue というヒッピーに強い影響を与えた書籍からとったものだが、この作成者であるスチュワード・ブランドは若い頃 Merry Pranksters というヒッピーグループに参加していた。そして、このヒッピーグループの創始者である作家ケン・キージーが執筆を心がけるきっかけとなったのがケルアックの小説『On the Road』であり、また Merry Pranksters がアメリカ全土を旅したバス Further 号の運転手を務めたのが、ケルアックの友人ニール・キャサティーである。ヒッピーの理想をテクノロジーを使って具現化しようとしたのがシリコンバレーであるとはよく言われることだが、上記のエピソードからもこうした考えに一定の真実が含まれていることが伺える。

「いい加減」を大切にしよう

　第 1 章で述べたように、**偶発的な学習**は私たちが英語を学ぶ上で非常に重要な役割を果たしています。ですが、だからといって**意図的な学習**の勉強をやめてしまい、**偶発的な学び**だけを行っていればいいのかというと、そうではありません。なぜかというと、あとで紹介するように、**偶発的な学習**だけでは学びにくい言語知識も多々存在するからです。

　大切なのは、**意図的な学習**と**偶発的な学習**の間でバランスのとれた勉強をすることです。いい換えれば、「いいかげん」な勉強をすることです。「いいかげん」というとマイナスイメージが強いですが、「いい加減」という漢字を見れば分かるように、もともとは「いい塩梅」という意味ですし、実際に時と場合によっては「いい加減」をプラスのイメージで使うこともあります。ですから、皆さんも、ぜひ「いい加減」に英語を勉強するようにしてください。

　そして、そのために大切なのが「英語を学ぶ」というのがどういう行動なのかに関する基礎的な知識を持つことです。なぜかというと、そうした基礎知識を持っていなければ、自分の学習方法がバランスの崩れたものだと認識することができないからです。ですから、そうしたバランスの崩れに気づき、自分の勉強を「いい加減な」ものにするためにも、第 2 章では「英語を学ぶことがどういう作業か」を説明していきます。

英語学習おすすめアプリ(辞書編)

アルクの英辞朗もアプリであるが、ネットにつないでいないと使えない

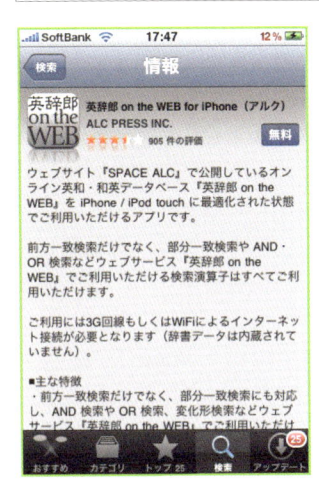

ここをクリック

辞書はやはりロングマンがおすすめだ

アプリには辞書もたくさんある。きちんとした辞書は数千円代と値段が張るが、数万円かかる電子辞書を買うことに比べたらかなり安いので、お金を払っても惜しくはない。筆者は、ポルトガル語-英語の辞書を愛用している。

英語を学ぶとは、何を学ぶことか?

　ところで、今まで「英語を学ぶ」という言葉を無頓着に使ってきましたが、そもそも英語を学ぶとは何を学ぶことなのでしょうか?

　まずこの点をはっきりさせておきたいのですが、答えから先にいってしまえば、英語を学ぶとは「意味、形、機能」の3つを学ぶことにほかなりません。

　この3つのうち、意味は理解しやすいと思うのですが、形と機能に関しては具体的に何を指しているかがつかみにくいと思うので、この2つについてここで少し説明させてください。まず形ですが、これは単語のスペルや発音、さらには動詞の過去形や apologize は to をとるといった文法や語法に関する知識のことを指します。

　それに対し、機能とは、ある言葉や表現がどのように使われるかということをさします。例えば、female dog と bitch という言葉は両方とも名詞で、かつ「雌犬」という意味です。じゃあ、この2つの言葉が同じような機能を持っているかというと、これは全く異なります。female dog は「雌犬」を指すニュートラルな表現であり、どんな状況で使っても全く問題がないのですが、bitch というのは現在では主にののしり言葉として使われるので、下手に会話で使うと大問題になりかねません。

　それ以外にも、例えば Who are you？という相手に名前や素性を尋ねるための表現は、文字通りに日本語に訳すと「あなたはだれですか？」となるので、特に問題のない表現に聞こえますが、実際には「お前は誰だ？」という感じのぶしつけな表現なので、通常の会話で相手の素性を聞く時は May I have your name？「お名前いただけますか？」や What's your occupation？「ご職業は？」のような表現の方が好まれます。

　このように、英語を学ぶためには、意味だけでなく形や機能に対する知識も身につけないといけません。

Kindleアプリの使い方

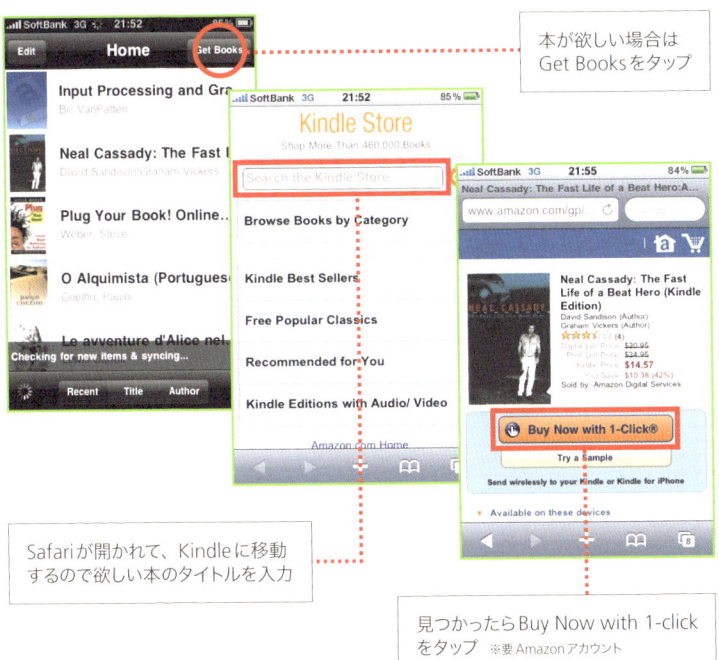

App Storeから
アプリをダウンロード

クリックしてダウンロード

本が欲しい場合は
Get Booksをタップ

Safariが開かれて、Kindleに移動
するので欲しい本のタイトルを入力

見つかったらBuy Now with 1-click
をタップ ※要Amazonアカウント

意味の処理が一番のネックになる。

　今述べたことからも分かるように、英語を学ぶためには、複数の異なる知識を学ぶ必要があります。であるならば、これは当然の理の帰結ですが、英語を使うためには、これらの複数の知識を同時に使いこなす必要が出てきます。

　そのため、今挙げた3つのうちどれか1つでも弱い知識があると、そこがボトルネックになってしまい、どれだけ他の知識を豊富に持っていても、それを使いこなすことができません。その結果、知識はあるはずなのに使えないということになってしまうのです。

　ところで、この3つの要素のうち、一番大切なのはどれでしょうか？　答えはいうまでもなく、意味です。なぜかというと、言葉が何らかのコミュニケーションを成立させるために用いられるツールである以上、「ある発言で相手が何を意図しているのか？」や、逆に「自分の言いたいことをどうやって相手に伝えるか？」というのが、書き言葉でも話し言葉でも中心にならざるを得ないからです。

　そのため、どれだけ文法知識があっても、意味を十分に処理できないと、その文法力を発揮することができません。この話題に関しては、後でまた立ち返ることにして、今はまず「言葉を学ぶことは、意味・形・機能を学ぶことであり、実際に英語を使う過程では意味理解及び意味の伝達に一番のエネルギーが注がれる」ということを理解するようにしてください。

役立つニュースサイト

タイム、CNN、FOXなどのニュースがアプリで視聴可能。FOXアプリでは、ビデオ画像も利用できる。もっとも、こうしたニュースよりもオーディオブックの方が、英語学習には使いやすい。なぜなら、最新の情報を扱っているニュースは内容を前もって知ることができないのに対し、オーディオブックの場合、邦訳を活用すれば内容を前もって理解した状態で英語を聞くことができるので、圧倒的に英語の吸収率が高くなるからだ。無料のニュースと違って、オーディオブックを聞くにはお金を払わないといけないが、そこで払ったお金は英語力の上昇となって帰ってくる。「タダより高いものはない」、そう考えてきちんとコンテンツにお金を払うようにしよう。

英語に接することで英語は学べる

　さて、今は「英語を学ぶとは何を学ぶことなのか」を説明しましたが、その次に明らかにしておきたいこと、それは「英語に触れること」、言い換えたらインプットで英語は学べるということです。

　これは、ごく当たり前のように思えるかも知れません。というのは、ほとんどの人は「留学すれば前よりも英語ができるようになる」というのを、経験則から知っているからです。ですから、「インプットで英語は学べる」というのを聞くと、何を今更という感じがするかも知れません。

　ですが、私が今まで英語を教えた経験からすると、自分が英語を学ぶときに、インプットの量を増やすことで英語を学ぼうとする人はほとんどいません。大体の人は、英語を学ぼうとすると、TOEICや英検といった資格試験の勉強をしたり、はたまた会話本や単語帳の暗記をしたりといった、**意図的な学習**だけを行ってしまいます。

　そういえば、先日予備校で私が英語を教えていた生徒に久しぶりに出会い、その時にTOEICのリスニングの勉強をしたいと言われたので、私が出した『捨てる英語勉強法　リスニング編』(三修社)という海外ドラマや洋画のDVDを使って英語を勉強する本を紹介したのですが、その時も「なんでリスニングの問題を解かないで、リスニング力がつくんですか？」という質問を受けました。

　恐らく、ほとんどの人は、このように「英語の勉強＝問題を解く」という意識が染みついているのではないでしょうか？　だから、多くの人は、頭では「インプットの量を増やせば英語は上達する」と分かってはいても、実際に英語を勉強する段になると、問題を解くことに終始してしまうのです。

英語上達のための多読

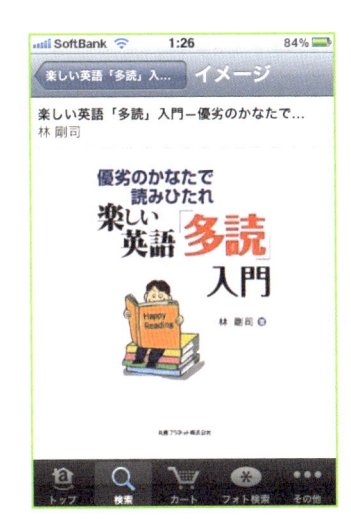

Amazon Mobileで
「英語+(スペース)+多読」で検索

多読についてさらに知りたい人は上記の2冊を読もう。

レベルが低くても、インプットから英語は学べる

そういうと、「レベルが低いからしょうがない」とか、「留学してるならいいけど、国内なら無理だ」と思われる方もいるかもしれません。ですが、実際には、自分に適切な教材を選びさえすれば、英語の勉強を始めたばかりの段階でも、国内で勉強していても、インプットを通して知らない英語の知識を増やすことは可能なのです。

ここで私自身の例を挙げれば、私は高校生のときビートルズが好きで、よく歌詞を見ながらCDを聞いたり、辞書を引きながら歌詞を書き写したりしていたのですが、そうこうするうちに少しずつ様々な英語の表現を覚えていきました。

例えば、受験英語で頻出である up to A（A次第である）や apologize to A（Aに謝る）といった表現は、私が最初に好きになった曲である She Loves You を通して学びました。またこれも同じく受験英語で聞かれる on earth（疑問文と一緒に使われて「いったい全体」という意味）に関しては、A Hard Days Night の歌詞を何度も声に出して歌うことで、覚えました。

このときの私は当然高校生ですので、自分なりに英語を理解しようとしても理解できないところがたくさんありました。それでも、こうして英語に接することでインプット量が増え、その結果知らない表現を学ぶことができたのです。ということは、どういうことかというと、英語ができなくても、国内で勉強していても、適切なレベルの教材を選び、適切なスタイルで勉強をすれば、英語を自然に覚えることはある程度まで可能だということです。

そして、英語ができる人の書いた本などを読んでみれば分かりますが、英語のできるほとんどの人は、**意図的な学習**に加えて、「英語に触れることで英語を学ぶ」ことを初期の段階から実践しています。いい換えれば、「英語に触れることで英語を学ぶ」ための自分なりの方法を見つけたからこそ、英語ができるようになったのです。

このことからわかるように、英語ができるようになるためには、早い段階から「英語に触れることで英語を学ぶ」ことが必要になるのです。

ポッドキャストを利用する

iTunesを開き、Podcastをタップ

ポッドキャストのページが出たら、次はカテゴリをタップ

カテゴリの中から、教育を選ぶ

すると、様々なポッドキャストが出てくるので、楽しそうなポッドキャストを探そう

日本の英語教育には
英語に触れることが抜けている

　ですが、ほとんどの人は英語に触れる勉強を行おうとせず、試験勉強や単語だけの暗記を行ってしまいます。いったいどうしてこうなるのでしょうか？　1つには、自分でも読める洋書が存在するということや、英語字幕を使えば初期の段階からDVDを使って英語を勉強したりすることが可能だということを知らない人もいるでしょう。

　しかし、一番根本的な理由は、学校で英語を学ぶときに、「英語に接する」経験を通してインプットを行い、英語を学んだ経験が無いからでしょう。私たちが学校で英語を学ぶときは、最初に先生から文法や単語を習い、次にそれを覚え、最後は問題を解くことで、それを定着させるという方法で習うのが一般的です。時には、演習と称して、最初に問題を解かせ、次に先生が解説をし、最後に覚えてなかったところを暗記するという風に順番が変わることもありますが、これもやっていることは同じです。

　このことから分かるように、私たちにとって英語を学ぶ経験とは、「解説を聞くこと」と、「覚えること」と、「問題を解く」ことだけからなりたっており、インプットがすっぽり抜けているわけです。ですから、自分で英語を学ぼうとすると、学校での記憶に従って、参考書を読んだり、単語を覚えたり、資格試験の問題を解いたりといった、自分にとって馴染みの学習法は行うものの、インプットは無視してしまいがちなのです。

　これが私たちが英語学習を行う上での一番の欠点だと言えます。

　勘違いをして欲しくないのは、**意図的な学習**を行うのは悪いことではないということです。ただ、それだけだと行き詰まりを感じてしまうので、**意図的な学習**に使う時間を「いい加減」で「英語に接することで英語を学ぶ」時間に振り分けるようにすることで、**偶発的な学習**を行うことが英語の勉強成功のカギになります。

　まずは、このポイントをきちんと意識するようにしてください。

電子書籍を利用する

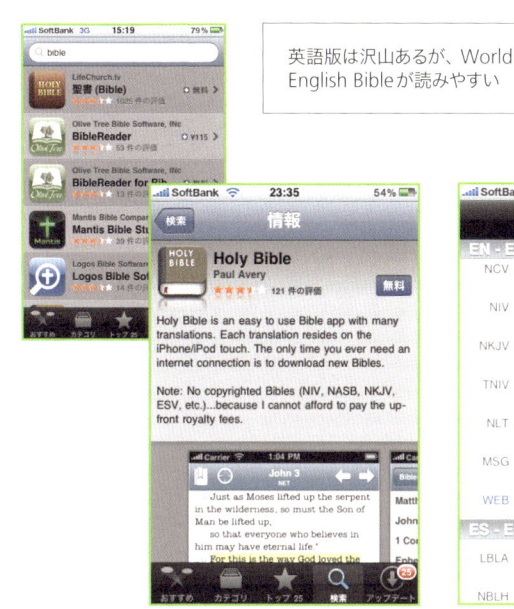

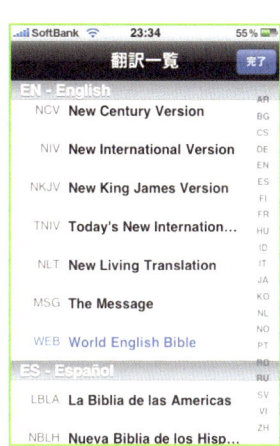

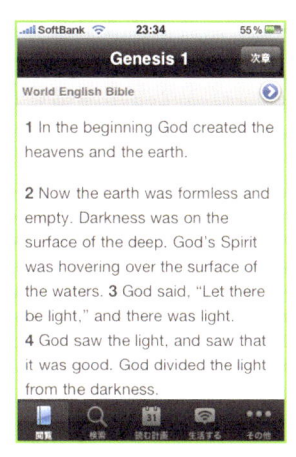

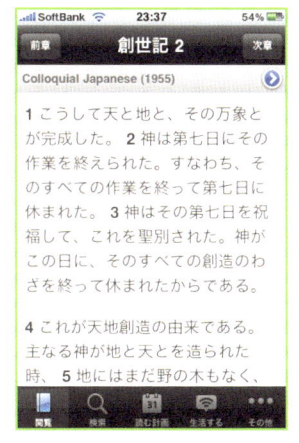

英語版は沢山あるが、World English Bibleが読みやすい

もちろん日本語も利用可能

英語学習は知識のインストールではない

　先ほどの話は英語の勉強方法に関する話なのですが、おそらく「英語に接することによって英語を学べる」と聞いた人の中には、なんで「英語に接することで英語が学べるんだろう」という疑問を抱いた人もいると思います。ですから、これから少し「英語学習がどのように起こるか」を見ていきたいと思います。

　その手始めとして話しておきたいのが、「英語学習は知識のインストールではない」ということです。ほとんどの人は英語を学ぶということを、外部にある文法や単語の知識を頭に詰め込むこと、つまり英語というソフトを自分の頭というパソコンにインストールすることだと考えています。

　けれども、こういう考え方は正しくありません。というのは、**偶発的な学習**で得られたデータを土台にして、文法や単語の学習に代表される**意図的な学習**の成果を参考にしながら、少しずつ自分なりに英語というシステムを作り上げていくこと、それが英語学習だからです。

　その具体例として私がよく引き合いに出すのが動詞の過去形の習得です。ここで動詞の過去形について少し復習しておくと、動詞の過去形には、単純に動詞の語尾に -ed をつけて作る規則活用と、go–went や do–did のような不規則活用があります。この規則活用と不規則活用の習得にはとても興味深いことがあります。

　実は、最初のうちは went や did のような正しい過去形を使えていた人でも、勉強が進むと一時的に goed や doed のような誤った形を作り出していく時期に突入し、その時期を抜け出した後で初めて went や did のような正しい形を使えるようになるのです。いい換えれば、動詞の習得は一直線ではなく、U カーブで進むのです。

　いったいなぜこのようなことが起こるのでしょうか？

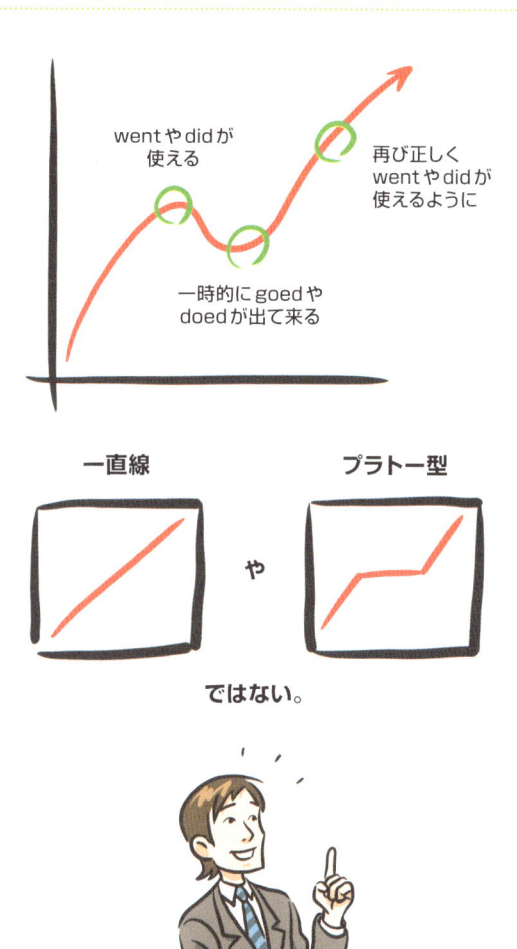

外国語学習は一直線で起こらない

- wentやdidが使える
- 一時的にgoedやdoedが出て来る
- 再び正しくwentやdidが使えるように

一直線 や **プラトー型**

ではない。

英語が上達するとはシステムが変わること

　この観察の興味深いところは2つあります。1つは、最初はwentやdidのような正しい形を使えた人でも、勉強が進むにつれgoedやdoedのような形を使うようになることです。もし、これが最初からgoedやdoedのような形を使っていたのなら、単なる間違いで説明できますが、最初は正しく使えていたのが途中から使えなくなっていくのですから、単なる間違いでは説明できません。2つ目に興味深い点は、日本の英語教育のように最初からwentやdidといった正しい形を教えていても、同様の現象が観察されるということです。

　なぜこのようなことが起こるのでしょうか？　それは、勉強が進むに連れ、過去形を作るときの処理方法が変わってくるからです。最初のうちは、当然ながら過去形を作る作業に慣れていないので、「realize "気づく" は規則活用だからrealizedだけど、goは不規則だからwentだろ」と、1つずつ過去形を作っていきます。

　ですが、こうした作業を行っているとそのうちうまくいかなくなってしまいます。というのは、英語を使うためには**意味・形・機能**という3つの知識を一括して処理しないといけないので、もし過去形の処理だけに時間がかかると、どれだけ他の分野の知識があっても、それを使うことができないからです。

　ですから、反射的にパッと処理できるよう、「-edをつけて過去形を作る」という大雑把なルールを頭の中に作りあげるのですが、これだと当然、不規則動詞は処理できません。したがってgoedやdoedのような間違った活用が生まれてしまうのです。

　ですが、英語の勉強を続けていると、だんだんとgoedやdoedのような形はおかしいということに気づき始めます。その結果、「-edをつけて過去形を作る」という規則に、「goやdoは例外で、wentやdidとなる」のような新しい規則が付け加えられ、次第に規則が精密化していくのです。

英語が上達するメカニズム

学習を始めた頃　1つ1つ処理

えっと、過去形はどうやって作るんだっけ？
そうか、-edをつけるんだ。
だから、realizeはrealizedだよな。
でも、goはwentだろ。

学習が進むと　一括処理→スピーディーに処理できるが、間違った形も出て来る

I realized...
I went...
I goed...

過去形…原形 + -ed

brain

さらに学習が進むと　一括処理 + 個別処理→スピーディーかつ正確

I realized
I went

過去形…①原形 + -ed
　　　　②不規則形…知識の精密化

brain

気づきがあるから、学びが起こる

　こうした現象からも分かるように、英語の勉強は単に静的な知識をインストールする作業ではなく、自分なりに英語というシステムを作り上げていく作業なのです。

　いい換えれば、英語という仮説を作り上げ、その仮説を常に検証し、間違ったところを壊して新しい仮説を作り上げていく作業、それが英語習得だということになります。だからこそ、英語学習は直線ではなく、Uカーブで進むのです。

　そして、その過程では、2つの異なる作業を行わないといけません。1つは、「-edをつけて過去形を作る」のように新しいルールを作りあげていく作業です。こうしたルールが身につくと、反射的に行動できるようになるので、反応速度が速くなり、その分だけ他の知識を使えるようになるという利点があります。

　もう1つは、新しく作りあげた規則の欠点を見いだし、その「goやdoは例外で、wentやdidとなる」というより細分化した規則を作りあげていく作業です。これは、反射的な動きを壊すことで、より精緻な動きができるようになるという利点があります。

　このようにして脳内に英語のシステムが構築されていくのですが、では、一体何が契機になってこうしたシステム構築が進んでいくのでしょうか？　実は、これについてはまだはっきりと分かっていないのですが、今現在有力なのは、英語を使うことを通して「気づき」を得たときに、英語のシステムが作り上げられていくという仮説です。

　「気づき」という言葉が理解しにくい人は、脳科学者の茂木健一郎さんのいう「アハ体験」だと考えてもらってかまいません。言葉はどうあれ、要するに、英語の形・意味・機能に関する説明と、実際の英語の使い方が結びつくことによってのみ始めて、その知識が知肉化するということです。

気づきのシステム

どうすれば正しく went to を使えるようになるか？

goed to...

意味に集中しているので、無意識に goed を使っている

1. 自分で気づく

今 I goed to っていったけど、I went to だよな...。

2. 人（先生、ネイティブなど）から指摘されて

You mean "went"?

3. 参考書を通して

go - went - gone

「気づき」が起こるとき

　どういうことかというと、先ほどの動詞の過去形の例で言えば、例えば最初に授業で「動詞の過去形には -ed をつける」というのを習った後に、問題演習や英文読解など、様々な形で英語を使うことによって、「動詞の過去形には -ed をつける」ということが実感され、その結果「動詞の過去形には -ed をつける」をつけるというルールが頭の中に組み立てられていくのです。

　これは単語の暗記に関してもそうで、私たちは単語の暗記というと「単語帳を見て意味が分かるようになればそれで OK!」と考えがちですが、英単語を覚えるためには、意味以外にも、発音や綴りや用法、そしてその単語の使われる文脈や、他の単語との組み合わせなど、さまざまな知識を身につける必要があります。

　こういう知識に関しては、単語帳で一足飛びに身につけることはできません。ですから、実際に英語に触れることと、その単語について単語帳や文法書や辞書などで知識を得ることを通して、その単語に関する「気づき」を少しずつ得ていくこと、これが単語習得という作業なのです。

　このように、英語を学ぶ上では、「気づき」がとても重要な役割を果たしています。では、どうすれば「気づき」が得られるか、次はこのことについて見ていくことにしましょう。

Safariで検索

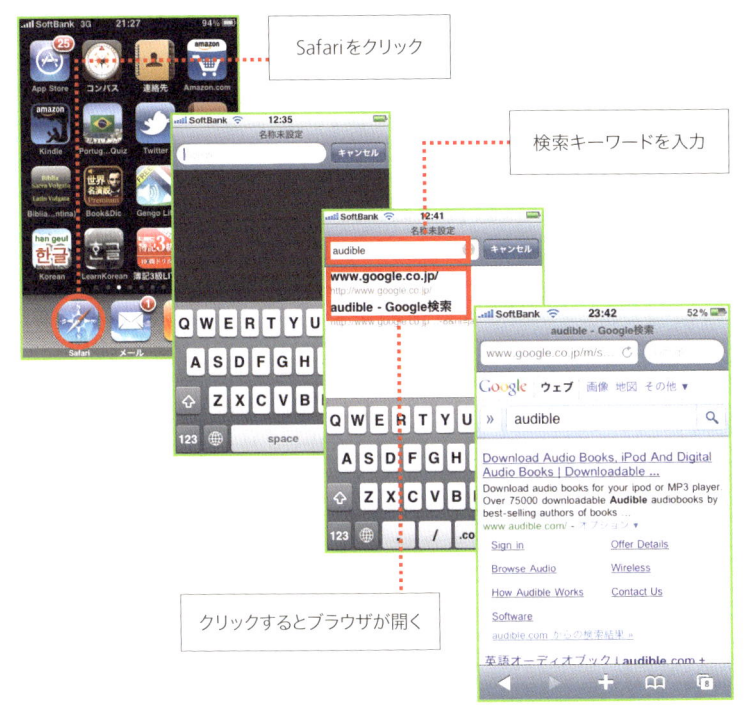

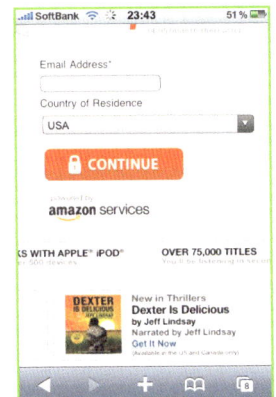

オーディオブック専門販売サイトaudible

Safariをクリック

検索キーワードを入力

クリックするとブラウザが開く

本を1冊だけ買う場合iTunesで購入してもaudibleで購入してもあまり値段は変わらない。だが、何冊もかうのであれば、audibleの会員になった方が安く買える。

どうすれば「気づき」が得られるか?

　先ほど、英語を使うことで、「気づき」が得られると言いましたが、ではどんな形であれ英語を使ってさえいれば、自然と気づきが得られるのでしょうか？　実は、漫然と英語を使っているだけでは、必ずしも「気づき」はひき起こされません。英語を使うことで「気づき」が得られるためには、ある程度条件があります。それをこれから説明していきましょう。

　まず、リーディングやリスニングのようなインプットを通して英語を使う場合ですが、この場合 **i+1 インプット**と言われる自分のレベルより少し上のインプットでないと、学習の効果は得られないと言われています。というのは、自分のレベルより下の英語であれば、そこに書いてあることはすでに知っていることなので、どれだけ英語に触れても新しい気づきは得られないし、また逆に難しすぎても、内容が理解できないので、やはり気づきは得られません。

　気づきが得られるようになるためには、自分のレベルより少し上の英語に触れるようにしないといけないのです(もっとも、私たちは受験やTOEICを通してやたらめったら難しい英語に触れることに慣れているので、「これは簡単だな」ぐらいに感じる英語が実はi+1インプットを得るのにピッタリだったりします。なので自分のレベルと同じか少し下ぐらいの英語でも十分「気づき」は得られると考えてよいでしょう)。

　次にライティングやスピーキングといったアウトプットで英語を使う場合ですが、この場合はアウトプットをしようとして、自分が知らない英語の知識があることに気づくこと、アウトプットをすることでそれまで持っていた英語の知識を主体的に使うことなどを通して、「気づき」を促進してくれると言われています。

　もっとも、英語を勉強しないまま、ただアウトプットだけをしていると、ブロークン・イングリッシュと言われる間違った英語を身につけてしまう可能性があります。実は、これはインプットでも同じで、どれだけ正しい英語をインプットしたとしても、こちらにそれを正しく解釈する知識がなければ、そこで間違った英語が身についてしまう可能性があります。こうした問題についてどうすればいいかというのは、後で考えていくようにしましょう。

audible (オーディブル)

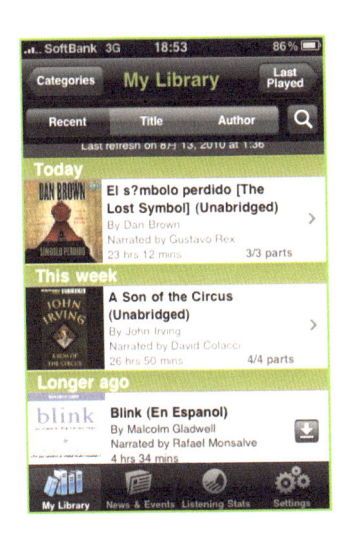

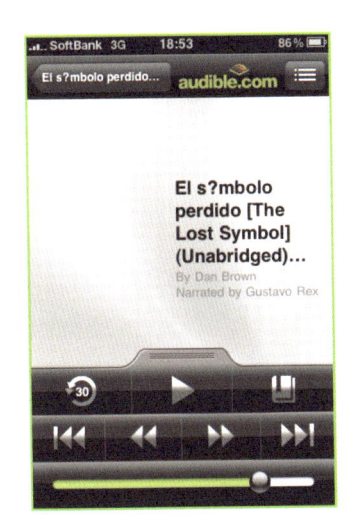

オーディブルにはアプリもある。このアプリの利点は、パソコンに繋がなくてもオーディオブックをダウンロードできるという所にある。

なぜ文法問題だけを解いていても「気づき」は起こらないか？

　ところで、今アウトプットと言いましたが、考えようによっては文法問題を解いたりすることもアウトプットの1つです。では、文法問題だけを解いていても、「気づき」は促進されるのでしょうか？　答えは、残念ながらされないのです。

　第二言語習得の研究によれば、例えば進行形の問題を重点的に解かせたとしても、時間がたつにつれ、次第にその効果は消えていってしまい、最終的には進行形を正しく使える割合は、問題を解く前と同じレベルまで戻ってしまうと言われています。このように、文法問題を解くことは、必ずしも「気づき」を得ることにつながらないのです。

　では、なぜ文法問題を解くだけでは、「気づき」が得られないのでしょうか？　そのためには、「言葉を学ぶ」ということがどういうことかを、もう一度思い出してみる必要があります。p.19ページで見た定義によれば、「言葉を学ぶ」というのは、**意味・形・機能**の3つを学ぶことです。

　ですが、一般的な文法問題は、文法という形にだけ注目がいき、それ以外の要素は問題を解くのにあまり影響を与えないよう作られています。そのため、どれだけ文法問題を解いてアウトプットを行っても、文法以外の要素が習得できないので、気づきは得られにくいのです。

　「気づき」を得るためには、単純な文法や単語の学習ではなく、実際に英語を使うことによって行われる**偶発的な学習**が必要になってきます。

英語タウン

「英語タウン」と入力して検索してみよう

赤字の単語には日本語訳が

英語タウンの童話アプリを使うことで、簡単な英語をたくさんインプットしよう。

偶発的な学習だけでは学べないことがある

 であるならば、**偶発的な学習**をしていれば、単語や文法の勉強といった**意図的な学習**をしなくても、英語はできるようになるのでしょうか？ 残念ですが、そういうわけにはいきません。**偶発的な学習**だけでは学べないことがあるのです。

 それを証明しているのが、カナダで行われているフランス語のイマージョン教育の結果です。ほとんどの方はイマージョンという言葉をを知らないと思うのでここで解説しておくと、イマージョンというのは、フランス語でフランス語を教える教授法のことです。フランス語がケベック地方の公用語であるカナダでは、長年日本と同じような訳読教育でフランス語の授業が行われていたのですが、期待したような学力がつかないため、20世紀中盤にイマージョンでフランス語の授業を行うようになりました。

 このイマージョンで習った生徒は、コミュニケーション能力が高いだけでなく、文法能力も高い、といいこと尽くめに見えたのですが、細かく調べてみると、一部の文法能力が思ったほど高くないことが分かってきました。具体的には、名詞の性や叙法といった、理解していなくてもコミュニケーションが成立する分野における習得度が低かったのです。

 このことから分かるように、**偶発的な学習法**は万能の勉強方ではありません。先ほども述べたように、インプットやアウトプットといった英語を使うことだけで英語を勉強していると、どうしても細かいポイントに注目がむかなくなり、結果として身につける英語がブロークンになってしまう可能性があるのです。

 そして、ここにこそ、文法学習に代表される**意図的な学習**を行う理由があるのです。

指さし会話アメリカ

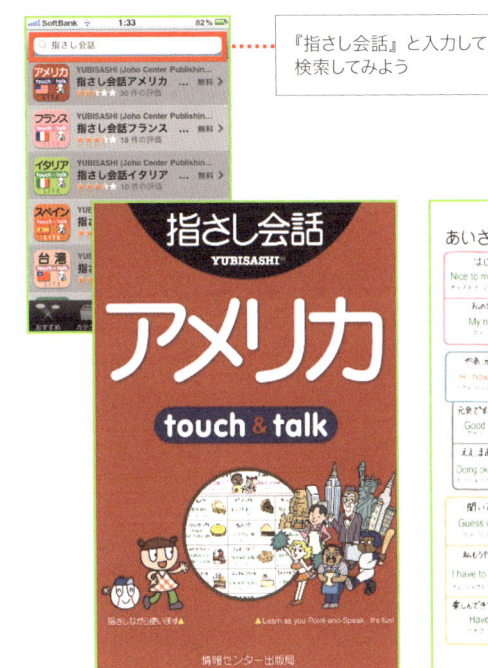

『指さし会話』と入力して検索してみよう

『指さし会話』は、旅行で使うような単文の会話を学ぶのにちょうどよい。「旅行に行きたい、けど英語が苦手で……」という人は『指さし会話』をダウンロードしよう。

意図的な学習を行う意義
その1

　結論から言ってしまえば、**意図的な学習を行う理由は2つに分けられます。1つは、意図的な学習を行うことによって、偶発的な学習を通して気づきを得る可能性が高くなるからです。もう1つは、意図的な学習をすることで、一度作り上げた仮説をさらに精緻なものにすることができるからです。

　「**意図的な学習を行うことによって、偶発的な学習を通して気づきを得る可能性が高くなる**」と書きましたが、これに関してはわざわざ説明する必要はないでしょう。前もって意図的な勉強をして知識を増やしておいた方が、偶発的な勉強をするときに、「ああ、これってそういうことか」と思える比率が増えるという、当たり前のことをいっているだけです。

　例えば、先ほど私がビートルズで英語を身につけた話をしましたが、あれも高校生だからこそできることで、もし中学生1年生だったらいくらビートルズに興味があり、そして日本語訳や辞書があったとしても、英語の歌詞を理解することを通して英語を学ぶのは難しかったでしょう。ただ単に「英語に触れた」というだけで終わらせるのではなく、そこから何かが学びとれるようにするためにも、**意図的な学習**をやっておくのはよいことなのです。

　また、これは学習そのものとは関係ないかもしれませんが、前もって知識を身につけることにより、**偶発的な学習**のための教材としてより高度なものを使うことが可能になります。社会人で時間がないから、ただ単に英語を学ぶだけでなく中身のある知識を身につけたいという人は、暗記が苦痛でも少々我慢して取り組むというのは、1つの卓見です。なので、暗記が嫌じゃない人は、最初に我慢して知識を身につけ、後で**偶発的な学習**を行うという受験でおなじみの方法で勉強してもいいでしょう。

　個人的には、iPodやiPhoneを使った学習は受験スタイルの学習と相性がいいので、「受験スタイルの勉強だとリスニングやスピーキングの力がつかないのではないか？」と心配することなく、学習を進めてください。

究極英語

「alc+(スペース)+究極英語」と入力して検索してみよう

英文テキストありや日本語テキストありなど様々なモードを使いわけることで、レベルにあわせた学習ができる。

意図的な学習を行う意議
その2

　次に、「**意図的な学習**をすることで、一度作り上げた仮説をさらに精緻なものにすることができる」ということですが、これは動詞の過去形の習得の道筋を思い出していただくとわかりやすいでしょう。**偶発的な学習**を通して学ぶとき、人は必ずしも最初から正しい仮説を作り上げるわけではありません。これは、**偶発的な学習**では断片的な知識しか得られないことが多いうえに、言語が複雑な構造を持っている以上仕方がないことなのです。

　だからといって、**偶発的な学習**をやめ、**意図的な学習**ですべてを学ぼうとしても、結局、英語というシステムを作り上げる過程においては、どうしても誤りが出てしまい、習得は直線ではなくUカーブにならざるを得ないのは、すでに述べたとおりです。

　では、どうすればいいのか？

　大切なことは、過ちを過ちのままにしておかないことです。Uカーブの例からも分かるように、新しいシステムを作るときには必然的に間違いは生まれてくるものであり、それを最初からすべて正しいやり方でやろうとすると、結局何も学べなくなってしまいます。代わりに、意図的な勉強の時間をきちんととることで、**偶発的な学習**の過程で生まれてきた誤りをきちんと訂正するようにすれば、それで問題はありません。論語に「過ちて改めざる、これを過ちという」という言葉がありますが、この「改める」という動作を可能にしてくれるもの、それが**意図的な学習**なのです。

世界の名演説

「世界の名演説」と入力して検索してみよう

『世界の名演説』には、本書で取り上げたスティーブ・ジョブズの演説などが収録されている。

さて、以上で英語の勉強法に関する説明は終わりにします。思ったより長くなったので、頭が少々混乱してしまったという人もいるかもしれません。そんな人のために、最後にまとめをしたいと思います。

> ### 〜英語学習に関する基礎知識まとめ〜
>
> 言葉を学ぶとは、**意味・形・機能を学ぶこと**。実際に英語を使う上では、この3つのうち一番弱いところがボトルネックになってしまうので、自分の目的にあわせて、3つをバランスよく学ぶ必要がある。
>
> 単語や文法を暗記するといった**意図的な学習**だけが学習ではない。英語に触れる量を増やすことで英語を自然に身につける**偶発的な学習**もある。そして、適切な教材を使えば、英語力が高くない段階でも**偶発的な学習**を行うことは可能である。
>
> 英語を覚えるとは、英語に関する仮説を作り上げる仮説検証作業であり、その道筋は**まっすぐではなく、U字型に進む**。そして、実際に英語を使う中で「気づき」を得ることにより、この作業は進んでいく。
>
> もっとも、ただ単に英語を使っているだけでは身につかない事柄もある。そうした事柄を身につけること、及び**間違って構築された仮説を訂正するために、意図的な学習は非常に重要な意味を持っている**。

本書を書く上では、次の2冊を参考にした。第二言語修得理論に興味がある人はこの2冊を読んでみよう。

まずは無料でできる勉強法を試してみよう

　1章、2章を読んで、「じゃあ、iPhoneとiPadを使って英語を勉強するためには、具体的にどうすればいいんだ」と思っている人も多いでしょう。そんな人のために3章からはiPhoneまたはiPadを使って英語を学ぶ方法を具体的に説明していきたいと思います。

　そのための第1ステップとして、3章では「無料でできる勉強法」について説明していきたいと思います。後で述べるように、iPhoneやiPadを使った勉強法を行う上では、アプリや電子書籍やオーディオブックのような、有料ソフトが非常に重要な役割を果たしてきます。

　ですが、だからといって、無料で使えるソフトやサイトが役に立たないというわけではありません。使いようによっては、有料ソフトと同等か、それ以上に勉強に役立つものもあります。また、こうした無料ソフトを使うことで、iPhone及びiPadで英語を勉強する利点である、英語の**アンビエント化**を手軽に味わうことができるという利点も無視するわけにはいきません。

　今まで**アンビエント化**について何度か触れてきましたが、実際に**アンビエント化**の概念を理解してもらうには、やはり実際にiPhoneやiPadを使って英語に触れてもらうのが一番です。しかし、最初から有料のソフトだと、二の足を踏んでしまう人も多いのではないでしょうか。

　そうならないように、3章ではまず無料で使えるサイトやソフトを紹介し、それを実際に使ってみることで、英語に触れる経験をしていただきたいと思います。

無料ソフトのおすすめ

LITEと書かれたアプリは無料版
まずは買う前に一度試してみよう

新しいことを始めるのは大変だ

　なお、ここで気をつけて欲しいのは、現段階では英語にさえ触れてさえいれば、それが必ずしも英語の勉強につながらなくてもかまわないということです。そういうと、「触れるだけで勉強にならないなら、意味ないんじゃないかな？」と不思議に思う人もいるかも知れません。

　確かに、それはその通りです。できれば、「触れる」だけじゃなくて、実際に「勉強」につなげてもらうのが一番です。ですが、そこまで行かなくても、今の段階では「触れてもらう」ことさえしてもらえれば、それで十分なのです。なぜか？　それは、新しいことを始めるのは大変だからです。

　突然ですが、私のような実用書を書いている人間にとって、一番苦労する点が何か分かりますか？　それは、本に書いてあることを実際に実行してもらうことです。私はこれまで何冊か英語の勉強法に関する本を出してきました。自分なりに精一杯書いたつもりですし、読んだ人からもためになるという言葉をいただきました。ですが、じゃあ実際にそこに書いたことをどれだけ実行してもらえているかというと、これは心許ない限りです。

　たとえば、『捨てる英語勉強法　リスニング編』(三修社)という参考書では、DVDの英語字幕を使って英語を勉強する方法を書いたのですが、この本を読んだ人の中には、DVDを借りるのが面倒くさいからという理由で、YouTubeに掲載されているドラマを見てそれで「おわり！」としている人も結構いました。

　もちろん、これでも何もしてないよりは十分に勉強になるのですが、これだとDVDを使った勉強法の一番のキモの部分である、分からない英語を英語字幕で確認するという作業ができないので、ドラマを勉強に使う利点が半減してしまうわけです。

DVDで英語を勉強する

海外ドラマで英語を学びたい人には、拙著『捨てる英語勉強法　リスニング編』(三修社)をおすすめする

DVD を iPhone 上で見るためには、リッピングという作業を行わないといけない。筆者はパソコンが苦手なので『DVD で iPhone と iPod で見る』を参考にした。

最初の一歩は面倒くさい

　もっとも、これは私の著書に限ったことではありません。たとえば、本著でも既に言及した『いつまでもデブと思うなよ』の岡田氏は「レコーディング・ダイエット 2.0 のススメ」というブログの 2010 年 3 月 23 日の記事で、『いつまでもデブと思うなよ』を買って実際に痩せた人は 10％程度に過ぎないだろうという発言をされていました。かくいう私自身も『いつまでもデブと思うなよ』を読み、「ほほう」と思ったので、こうして自分の本で言及までしていますが、でもレコーディングダイエットは続けていません。「面倒くさい」という理由で止めてしまったのです。（その後、ネスレレシピというアプリをダウンロードして、また始めました。iPhone は本当に便利ですね、いやはや。）

　もっとも、こうして途中で辞めてしまうのは、本だけにおこる現象ではありません。岡田氏は同記事で、本ではなくセミナーという形式にしても成功率は 20 〜 30％ぐらいしかいかないだろうということを述べています。このことからわかるように、「新しいことを始める」というのはそれほど大変なことなのです。

　では、なぜそれほど大変なのか？　それには色々な理由がありますが、一番の理由は「最初の一歩を踏み出すのが面倒くさい」からです。物理には「制止している物体は制止し続ける」という慣性の法則がありますが、この法則からも分かるように、物事というのは始めるときに一番エネルギーがかかるのです。

　たとえば、私自身にしてもこんな iPhone 本を書いていますが、iPhone を買ったのは 2010 年の 4 月にたまたま前使っていた au の携帯が壊れたからであり、それまでは iPhone を持っている知り合いに「iPhone いいよ！」と言われても、「そんなもんか」と思うだけで買うまでには至りませんでした。人間はこれほどまでに腰が重いのです。

超字幕

英語やドラマで学びたい人向けに『超字幕』というパソコンソフトも開発されている。

人は明らかなプラスがあっても動かない

　このiPhoneを買った経験を通して思ったのは、人間というのはどれだけ自分に利益があることでも、新しいことになかなか踏み出そうとしないということです。私がiPhoneを買ったときは、キャンペーンが実施されていて、他の会社からの乗り換えならiPhone本体はタダで買える上に、キャッシュバックで1万円がもらえたわけです。携帯をタダでもらえる上に、お金までもらえるというのは、冷静に考えるとすごいことです。

　しかも、その時私が使っていたauの携帯は2005年物で、もう半分壊れていたわけですから、本来だったらiPhoneを薦められた時点で買い換えていてもいいわけです。でも、買い換えない。なぜか？　それは新しいことをするのが億劫だからです。それ以外に、自分の常識と異なる情報は知識の一貫性を崩すので、収容しにくいという脳の特性もあるかも知れません。知人に、「iPhoneは基本的にはタダで買えるし、場所によってはキャッシュバックがもらえる」という話をしたところ、「タダはないでしょ」と信用してもらえませんでした。これは彼女の頭の中にある「携帯の新機種＝お金を払って買うもの」という常識と「iPhone＝タダ」という常識が一致しなかったために、起こった現象です。

　これは、iPhoneだけのことではありません。同時期に、加入すると3万円分のポイントがもらえるという広告にひかれて、家の電話もKDDIからひかり電話に変えたのですが、それで驚いたのはKDDIよりもひかり電話の方が少しだけだけど、電話料金が安くなるということです。ただ3万円もらえるだけでなく、電話料金が安くなる、こういう信じられない特典があったのに、今までそのキャンペーンの前を「ふーん」と思いながら通り抜けていた。なぜか？　面倒くさいからです。

　このことから分かるように、人はどれだけ自分にとっていいことが与えられていると頭で分かっていても、なにか外からの力がないとなかなか行動しません。だからこそ、様々な会社が、新規顧客のために圧倒的な利益をもたらすような、言い換えれば自分の利益を

持ち出すようなキャンペーンを行いながらも、新規顧客の獲得を計っているのです。

　人はこれだけ面倒くさがりな動物なのです。

英語を使うためには、文法や単語の暗記に加えて、チャンクやコロケーションと呼ばれる、単語の組み合わせを学ばないといけない。英単語道場はこの点を学べる珍しいアプリ。

まずはiPhone及びiPadで英語を触れることを習慣化しよう

　話を本筋の「なぜ触れるだけでいいのか？」に戻すと、それは「iPhoneやiPadを使って英語を勉強しよう」と思うようになって欲しいからにほかなりません。

　ここまで何度か述べたように英語ができないのは、勉強方法云々ももちろんありますが、結局は生活習慣の問題です。日常的に英語に触れる生活習慣を身につければ、後は勝手に英語は上達します。ですが、この生活習慣を変えるのが難しい。

　けれども、iPhoneやiPadを使えば、英語を**アンビエント化**できるので、努力なしで生活習慣を変えることができます。ですが、いくらiPhoneとiPadにこうした機能があっても、あなたが「iPhone（iPad）を使って英語を勉強しよう！」と思わなければ、宝の持ち腐れです。

　そして、今見たように、どれだけ簡単なことであっても、どれだけ自分に利益があることでも、新しいことを始めるのは簡単ではありません。ですから、最初の段階では「英語が上達した、しない」で一喜一憂するよりも、iPhoneまたはiPadを使って英語を勉強する習慣の方がずっと重要だからです。レコーディング・ダイエットでも、最初はカロリーなど気にせずとにかく食べた物をメモするだけの「助走」と呼ばれる期間があるのですが、それと同じことをこの時期は行っているのだと認識して下さい。

　なので、最初のうちは、上達の度合いなど細かいことは気にせず、まずは「iPhone（iPad）を使って英語を勉強しよう！」と思うようになることだけを目的にしましょう。そうすれば、iPhone（iPad）の利点である英語の**アンビエント化**がプラスに働き、後は自然と英語力が伸びていくのです。

Phonograms

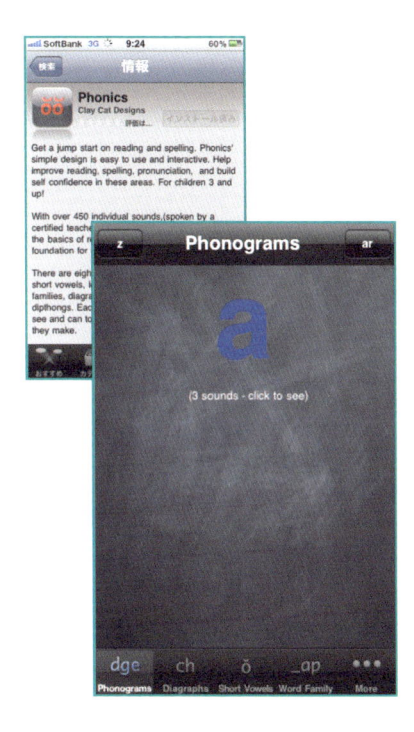

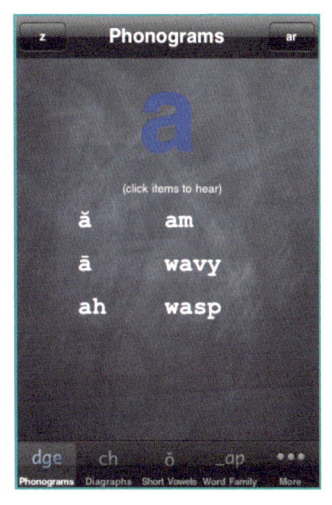

今教えている生徒に発音を教えようとこのアプリを買ったが、あまり使い勝手は良くなかった。安いアプリには機能性が低いものも多い。

全ての勉強法をやる必要はない

　ここから先は、今述べたようにタダで英語に触れるためのサイトやソフトを紹介していくのですが、その前に１つだけきちんと指摘しておきたいことがあります。それは、本書で紹介している全ての勉強法を真面目にやる必要はないということです。

　今回この本を執筆するに当たって客観的な意見が欲しいと思い、様々な人に**アプリ**や**ポッドキャスト**を試してもらいましたが、みんな好みは違い、ある人が絶賛したものを、別の人が酷評するということも珍しくなく、「十人十色」という諺があるように、人の好みは様々だということを痛感せざるをえませんでした。

　このように、ある人のおすすめソフトやアプリでも、別の人にとっては全く価値のない物である可能性があるのです。ですから、勉強になるからといって、ここで説明していることを全て試してみる必要はありません。自分が興味を引かれるものだけを試していただければ、それで結構です。私自身も日常的に全ての学習法を行っているわけではありません。

　では、なぜわざわざ複数のソフトやサイトを紹介しているのか？

　それは、本書を読むことで皆さんに、「どうやってiPhoneやiPadを使って英語を勉強するか」というヒントを得てもらうためです。「はじめに」で述べたように、利用用途が豊富な分だけ逆に使い方がわかりにくいという欠点が、iPhoneやiPadにはあります。

　こうした欠点を埋めるためにも、本書で私なりにiPhoneやiPadをどう使っているかを説明することで、みなさんなりの使い方に関するヒントを得ていただけたらと思い、様々な勉強法を紹介することにしたのです。そうしたことを踏まえた上で、以下のページを読んでほしいと思います。

iBooks

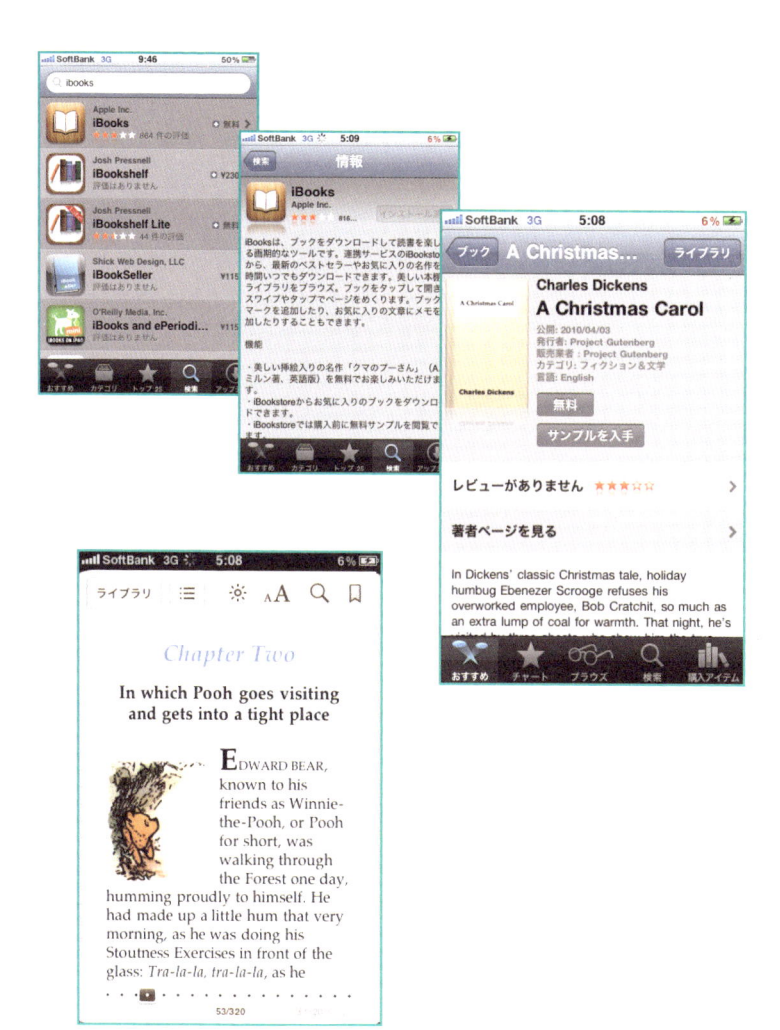

Kindle以外にiBooksでも電子書籍は楽しめる。無料書籍をダウンロードして、読書を楽しもう。

ポッドキャストを聞こう!

　以上述べたように、まずはタダの教材を利用して英語に触れることから始めてほしいのですが、その時に最初に試していただきたいもの、それがポッドキャストです。ポッドキャストとは、ネット上で音声や動画のファイルを公開する手段であり、iPhoneやiPadではiTunesをタップして、iTunesの画面が出てきたときに、その下部にあるポッドキャストの項目を利用することで、簡単に利用することができます。

　なぜ英語の勉強を行う上でポッドキャストを最初におすすめするかというと、iPhoneとiPadの持つ数々の利点が一番実感しやすいのではないかと思ったからです。まず、特に面倒な手続きをしなくても、ボタンをタップするだけで英語を勉強する教材が手に入られる、これはiPhoneとiPadを使うことで英語がアンビエンス化することを実感させてくれます。

　次に、多くのポッドキャストは学校の授業のように英語をいちいち解説していくのではなく、聞いているうちに自然と慣れてもらうという学習形式を取っています。そのため、意識しなくても、偶発的な勉強を行わざるを得ないので、偶発的な勉強に慣れてもらうためにもちょうどいいのです。

　このように、様々な利点を持つポッドキャストを勉強に使わないわけにはいきません。なので、皆さんも実際に使ってみて欲しいのですが、iTunesのポッドキャストのコーナーに行き、カテゴリの教育のコーナーをタップしてみると、たくさん英語のポッドキャストが出てきて、どれを聞いていいか迷ってしまうのではないかと思います。

　そう、先ほど述べた「選択肢がありすぎて、逆に使いにくい」という問題が、ポッドキャストを利用する過程で既に生じてしまうのです。ですから、次ページから私がおすすめのポッドキャストを紹介することにしましょう。

RADIO JAPAN English

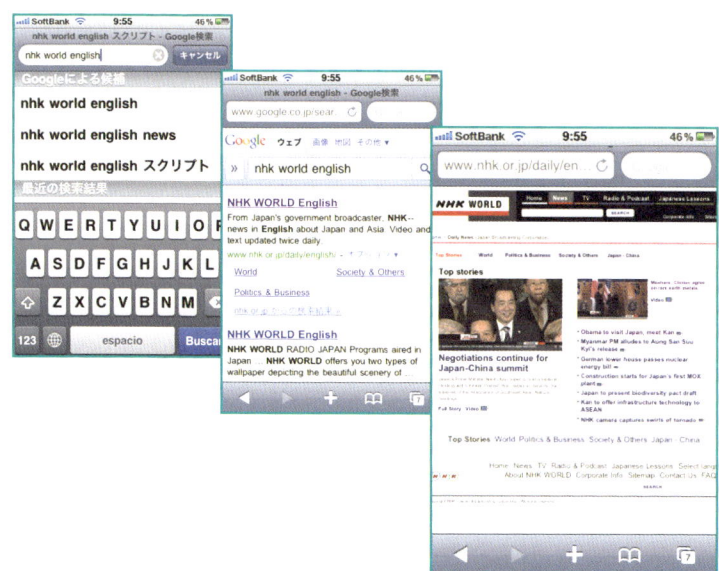

NHK の RADIO JAPAN English というポッドキャストを使えば、日本のニュースを通して英語を学べる。

ポッドキャストのおすすめは
「おしごとの英会話ビデオレッスン」

　で、具体的に何をおすすめするかというと、これは「Smart.fm 無料英語学習サイト」が提供する、「おしごとの英会話ビデオレッスン」以外にはありません。なぜか、それはこのポッドキャストを使うことで、文字と音声を同時に利用できるという iPhone や iPad の利点が実感できるからです。

　通常のポッドキャストでは、音声しか利用することができません。そのため、持ち運びが便利という点を除けば、実はラジオを聞いているのとあまり変わりません。ですが、タイトルからも分かるとおり、このポッドキャストではビデオを利用することができます。そして、このビデオには登場人物の画像だけでなく、主要な会話の英語字幕が表示されています。そのため、ただ英語を聞き流すだけでなく、具体的にどんなことを話していたかを確認することができます。

　これは、文字と音声という異なる2つの情報を同時に利用できるという iPhone と iPad の持つ利点を実感してもらう上で、非常に優れた機会になります。確かに、出てくる登場人物は一見ふざけていますが、番組の構成はきちんとしていますし、使われている英語も実際に仕事の場で使われている英語を意識したものです。ですから、仕事で英語を使う人や、TOEIC 対策をしたいという人が、iPhone や iPad を使って英語を勉強するための第一歩として使うのにふさわしい教材と言えるでしょう。

　具体的な使い方ですが、もちろんただビデオの画面を見ながら、「へー、こんな英語があるんだ」と聞くのもいいですし、iPhone と iPad を両方持っている人であれば、iPhone で勉強するときは、通勤などの際に画面を見ずに聞き、帰ってきてから iPad で自分が正しく聞き取れていたかを確認するのでもいいでしょう。また、英語字幕が出ているという利点を最大限に生かすために、ディクテーションと呼ばれる書き取りを行ってもいいのですが、文章が結構高度なので、これはある程度レベルの高い人しかできないかもしれません。

　先ほども述べたように、現時点での目標はとりあえず、「iPhone

やiPadで英語が勉強できる」ということを意識してもらうことなので、余計なことはせず、ただポッドキャストを見るようにしてもらえれば、それで十分です。ですので、まずは全8回を聞き終わってしまいましょう。

　それ以外には、NHKのWORLD RADIO JAPANのポッドキャストも悪くありません。私はこのポッドキャストのポルトガル語版を利用していますが、日本のニュースを扱っている分だけ、細かい部分が分からなくても全体は「なんとなく」理解できるので、とにかく「聞き続ける」という目的を達成するためには、優れていると思います。

Smart.fmで検索すると色々な検索結果がでてくるが、その中から「お仕事の英会話ビデオレッスン」をタップ。

無料アプリの「TOEIC分類単語」を
ダウンロードしよう

　ポッドキャストで次に試してほしいこと、それがアプリのダウンロードです。アプリとは、iPhoneやiPad上で使うソフトウェアのことで、様々な分野のアプリが存在しますが、英語教育に関しても有料のものから、無料のものまで様々なアプリがあります。

　先ほども述べたように、アプリには有料のものもあれば、無料のものもあるのですが、ここではまず無料のアプリを試してもらうことにします。無料のアプリにも様々なものがあるのですが、個人的に優れていると思ったのが、「TOEIC分類単語」というアプリです。

　このアプリは、その名の通り、TOEICに頻出する単語をジャンルごとに分類したものです。単語には音声がついているのですが、いかんせん無料なので、復習機能やスペルチェックのような便利な機能はついていませんし、しかも、時々音声が抜けている箇所もあり、おまけに、使っていると自然と落ちてしまう時もあります。

　こうした欠点はあるにせよ、個人的には、このアプリは利用価値が高いと思います。なぜかというと、通常の単語帳を使って単語を覚えると、私の知人のようにcandidate（候補者）をカンディダと読むような発音の間違いをしてしまいがちなのですが、文字と音を同時に利用できるiPhoneやiPadの単語アプリを使うと、そうしたミスをいとも簡単に減らすことができるからです。これはiPhoneやiPadで英語を勉強する大きな利点です。なので、iPhoneやiPadで英語を勉強する際は是非とも単語アプリを使うようにして欲しいのですが、その一歩として「TOEIC分類単語」はちょうどいいのです。

　具体的な使い方ですが、1人で単語をチェックする作業に加えて、第三者に問題を出題してもらう作業を行うといいでしょう。といっても、別に難しいことをする必要はありません。友人や家族や恋人などに、「TOEIC分類単語」の自分が勉強したセクションを開いたiPhoneまたはiPadを渡し、そこから気が向くままに単語を選んでもらい、音声ボタンを押してもらっては、あなたが聞こえてきた単語の意味を答えるやり方で進めていけばいいのです。

TOEIC分類単語

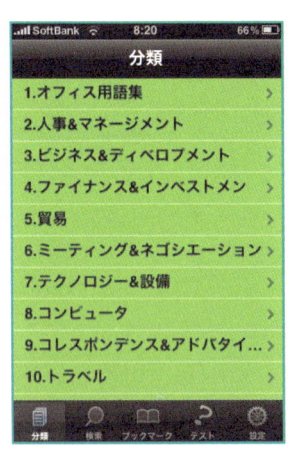

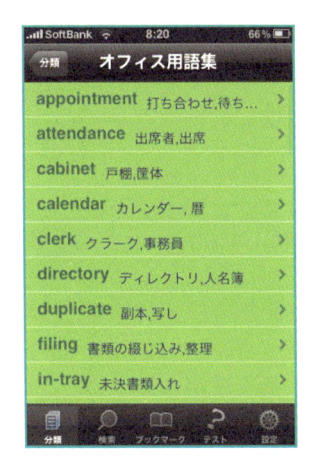

TOEIC分類単語では単語がセクションごとに分類されており、単語画面のスピーカー画像をタップすると音声が流れる。たまに音声が収録されていない単語もあるが、それ以外は文句なく使える。

YouTubeでスティーブ・ジョブズの
スピーチを聴いてみよう

　アプリをインストールした後は、YouTubeを使って英語を勉強してみましょう。で、恐らくドラマや映画をYouTubeで再生するというのは、おそらく皆さんも思いつくと思うので、ここではドラマや映画ではなく、第1章で話をしたスティーブ・ジョブズのスピーチを使って、英語を勉強してみましょう。

　といっても、恐らく実際にスティーブ・ジョブズのスピーチを使って英語を勉強するためには、TOEIC700点を超えるようなある程度高度な英語力、または「このスピーチをどうしても理解したい」という情熱が必要になります。なので、実際には、だれでもスティーブ・ジョブズのスピーチを使って勉強するというわけにはいかないでしょう。

　ですが、第1章でも述べたように、スティーブ・ジョブズの思想に触れることは、本書のキモとなる**偶発的な学習**という考え方である、非常に有効です。ですから、英語の勉強とは関係なく、このスピーチは見てみましょう。

　日本語訳のついた映像を見た後で、英語サブタイトル（字幕）のついたバージョンを見れば、少ないながらもわかるところはあります。こうした経験を通して、「内容を知っていれば、英語がわからなくても結構理解できるんだな」という実感をつかんでください。

　こうした「わからなくても学べる」という感覚は、後で紹介するオーディオブックを使った勉強法を実行する上でも欠かせません。ですから、勉強法自体を勉強するためにも、とにかく1回YouTubeでスティーブ・ジョブズのスピーチを見てみましょう。

　なお、スピーチの探し方ですが、「スティーブ・ジョブズ　スピーチ　字幕」で検索すれば日本語字幕のついたバージョンが、「Steve Jobs subtl（又はsub）」で検索すれば、英語字幕のついたバージョンが出てくるはずです。

YouTube

スティーブ・ジョブズのスピーチ

スタンフォード大学のページをプリントアウトして、わからない所を調べながら読むのもよい。

趣味のサイトは結構使える

　ほかには、自分の趣味に関するサイトの記事を読むのも、英語を勉強する上では役に立ちます。サイトを使って英語を勉強するというと、英字新聞などを読むというイメージが強いかもしれません。確かにこうした勉強はTOEICを始めとする資格試験の成績を上げるためには有効ですが、資格試験を目標としない場合は、必ずしもこうした真面目なサイトを読む必要はありません。

　むしろ、自分が興味がある趣味に関するサイトを読んだ方が、楽しさに突き動かされて勉強が進む可能性もあります。例えば、私はサッカーが好きなので、ワールドカップが開催されるたびに、FIFAの公式サイトを片っ端から読むようにしています。（2010年に南アフリカで開催されたワールドカップの公式サイトも、利用させてもらいました）これは私のもう1つの専門であるフランス語やスペイン語力を伸ばす上で大いに役に立ちました。

　ほかには、自分が興味がある事柄について、wikiの英語版を読んでみるのもいいでしょう。個人的に好きな事柄であれば、十分な基礎知識があるので、多少難しくても、英語を読み進めることができます。もちろん、理解できないところも多々あるでしょうが、こうした英語に触れる機会を増やすことで**偶発的な学習**が起こるのは、既に述べたとおりです。

　ですから、理解度はあまり気にせず、自分が興味のあるサイトを読むようにしましょう。なんといっても、英語に触れる量を簡単に増やせることがiPhoneやiPadを英語の勉強に使う一番の利点なのですから。心配しなくても、平行して意図的な勉強をしておけば、次第に理解度は上がっていきます。

Wikipedia

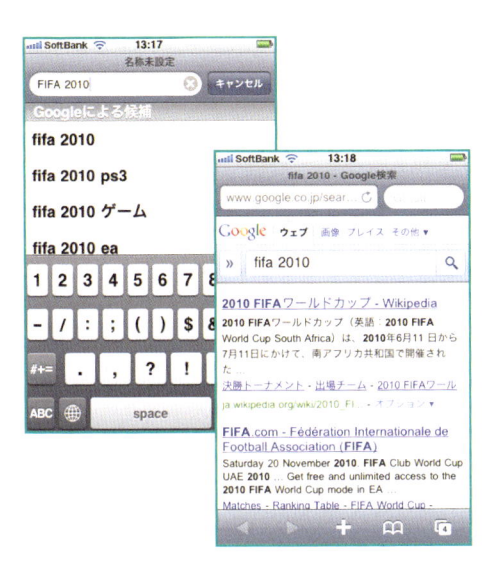

Wikipedia は十分の興味があることについてまとまった分量の英語が読めるので、インプット量を増やすために適している。

iPodで英語のCDを持ち歩こう

　3章の最後でおすすめする勉強法、それはiPodに英語のCDを入れて持ち歩くことです。ところで、皆さんもお気づきの通り、この勉強法は先ほど述べたサイトやアプリを使って勉強する方法とは異なりますし、そもそも英語に限らず外国語を勉強する習慣がある人には、わざわざ説明するまでもないくらいあたり前の勉強方法です。

　じゃあ、なぜiPodに英語のCDを入れて持ち歩く勉強方法を説明するのかというと、今まで意図的な勉強のみで英語を勉強して来た人の中には、英語のCDを使ってリスニングの問題を解いたり、CDに合わせて音読をする訓練をしたりすることに考えが至っても、「いつでもCDを聞くことで英語に接する量を増やす」という単純な勉強法を思いつかない人が一定数いるからです。

　ですが、CDを聞く時間を増やすというのは、非常に効果的な勉強法です。もちろん、分からないことを聞き流しているだけでは、英語は上達しません。しかし、教材のCDであれば、解説等が存在するので、たとえ自分のレベルを超えた英語でも内容や文法などを理解することができます。なので、聞いていれば必ず英語は上達します。

　これは個人的な印象なのですが、日本では外国語学習において聞くことがおろそかにされすぎているような気がします。ですが、「聞くこと」は外国語力を伸ばす上で非常に効果的な方法です。なぜなら、聴覚しか使わないリスニングは、通勤やランニングのような他の活動と併用できるので、リスニングを勉強に組み込むと、いとも簡単に勉強時間を増やすことができるからです。

　しかも、後でオーディオブックと電子書籍のコーナーで述べるように、大学受験で行われるような書き言葉メインの勉強法と、リスニングを使った学習は実は非常に相性がいいのです。リスニングを上手に勉強に組み込むことさえできれば、後は書き言葉の勉強をしているだけで、ある程度のレベルまでは自然に会話力も身につきます。

　ですから、その準備段階として、今はまず英語教材をiPodに入れて持ち運ぶ勉強に体を慣らしてみましょう。

以上で、無料でできる勉強法を使って、iPhoneとiPadで英語を勉強することに対する慣れを作る段階は終わりです。次は、iPhoneやiPadで使えるアプリを利用して、英語力、特にリスニング力を伸ばすための勉強法を説明していきたいと思います。

CDのついた本を持ち歩くのは大変だが音声データならいくらでも持ち歩ける。

アプリを使うヒントを学ぶ

　タイトルからも分かるとおり、4章ではアプリを使って英語を勉強する方法を紹介していきます。といっても、英語の勉強に役に立つアプリを網羅的に紹介することが目的ではありません。新聞や雑誌と異なり速報性の低い書籍で、最新のアプリを網羅的に紹介するような記事を書いても、情報がすぐ古びてしまい、読者の皆様のお役に立たない可能性があるからです。

　では、なにが本章の目的かというと、それはアプリの使い方についてヒントを与えることです。iPhoneやiPadを買って以来、私は英語以外にも様々な言語のアプリをダウンロードしたり、個人的に英語を教えている生徒に対してアプリを使って英語を勉強してもらったりしましたが、そこで気づいたのは、アプリを使うには工夫が必要だということです。

　というのはアプリの中には、既に紹介した「TOEIC分類単語」のようにただフレーズや単語を羅列しているだけの単純なアプリもたくさんあるからです。こうした単純なアプリを使って勉強すると、最初のうちは物珍しさから勉強が続くのですが、途中で飽きてしまい、最終的には三日坊主で終わってしまうのが関の山でしょう。

　ですが、実際には、こうした単純なアプリでも使い方次第では、特に他人に手伝ってもらうと、十分勉強の役に立ちます。なぜかというと、人の手を借りることで、単なる単語や表現の羅列に過ぎないアプリが、高度な問題出題＆復習機能を備えた最新の学習装置に変わるからです。

　iPhoneやiPad同様、アプリも使い方に自由度が高いので、使いこなすためには、ある程度使い手のセンスが重要になってきます。ですから、本章を読むことで、アプリの使い方のヒントを学んでほしいのです。

App Storeの英語アプリ

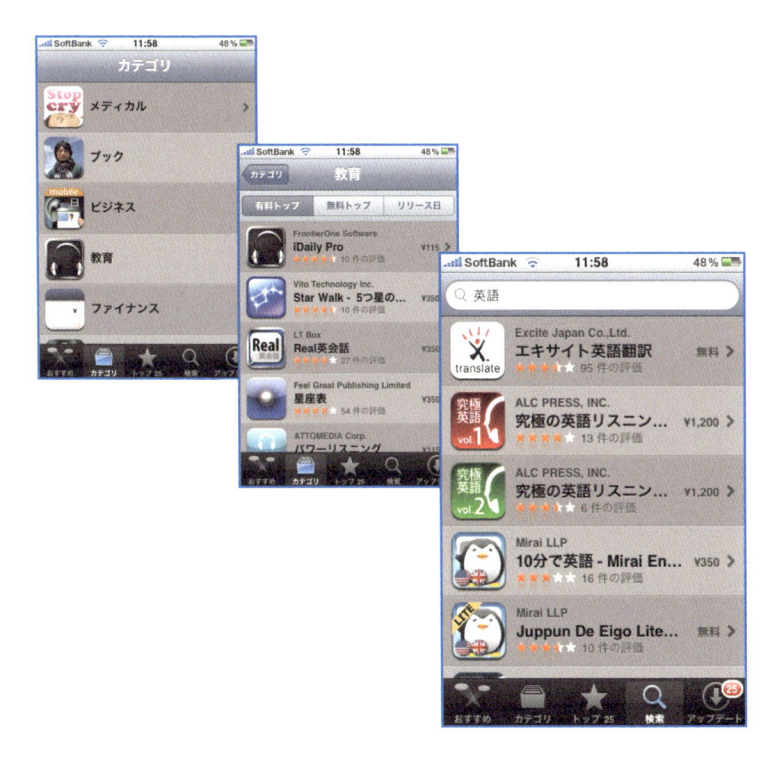

App Store の教育というカテゴリーを選ぶと英語学習アプリがたくさん出てくるけれど、多すぎてなかなか自分の探しているアプリがみつからない。それは「英語」で検索しても同じ。なので、まずここに紹介されているアプリを試すなかで、自分にあったアプリを探しに行こう。

文字と音を同時に使える
アプリの利点を最大限に活用しよう

　ところで、この先紹介するアプリですが、種類別に分けると、偶発的な勉強をするアプリと同じくらい、**意図的な学習**で使うためのアプリ、特に単語や表現を意図的に学習するためのアプリを紹介しています。これは一見、「偶発的な勉強」を大切にしようという本書の主張と反しているように見えるかも知れません。

　ですが、これは矛盾でも何でもありません。というのは、本書の主張する「偶発的な勉強」を行う上では、単語や表現を意図的に学ぶためのアプリを使うことが、非常に有効になってくるからです。なぜなら、こうしたアプリを使うことで、iPhoneとiPadを勉強に使う利点の1つである、文字と音をシームレスに利用できるというポイントを最大限に活用することが可能になるからです。

　ここでもう一度話を整理しておくと、iPhoneとiPadを勉強に使う利点は2つあります。1つは、iPhoneとiPadが英語の**アンビエンス化**を可能にしてくれるので、場所と時間を問わずに勉強できるようになることです。もう1つは、文字と音という異なる情報を**シームレス**に利用できることです。

　この2つの利点のうち、後者の文字と音という異なる情報を**シームレス**に利用できるというのは、特に単語やフレーズを学ぶ上で非常に重要な役割を果たします。なぜかというと、書籍やCDといったこれまでの学習器具にはなかったこのiPhoneやiPad独自の利点を生かして勉強することで、外国語を学習する際に問題となりがちな、文字と音の乖離(かいり)を簡単に克服することができるからです。

TOEIC単語カード

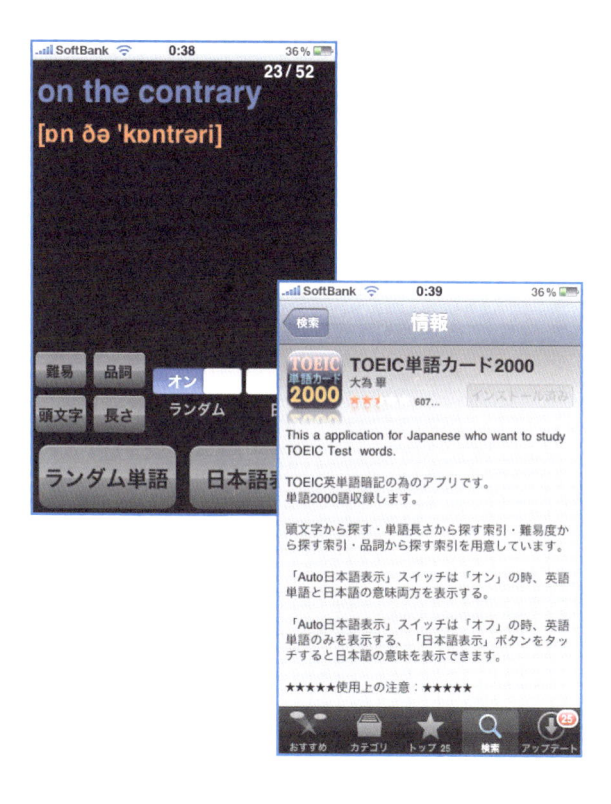

アイディアはいいのだが音声がないので使いにくい。やはりアプリは音があってこそだ。

文字と音にはずれがある　その1
言葉に内在する文字と音のズレ

　突然ですが、文字と音にはズレがあります。これには2つのズレがあり、1つは言葉に内在的に含む文字と音のズレ、もう1つは私たち外国人が外国語を学ぶときに生じる文字と音のズレです。リスニング力を向上させるためには、このズレを減少させていく作業が上達のカギとなり、そしてそのために非常に有効なのが、単語や表現を学ぶアプリなのです。といわれてもどういうことかよくわからないでしょうから、手始めに文字と音のズレを具体例を見ていきましょう。

　例えば今ここで「かわいい」と2回いってみてもらえますか(近くに人がいる場合は、聞こえないぐらいの小声でかまいません)。といっても、同じスピードでいっては何の実験にもならないので、ここでは1つめは普通の早さ、2つめは「か・わ・い・い」のように1つ1つ区切って発音してみてください。

　さて、この2つは同じ発音でしょうか？　答えは、もちろん「違う」です。2回目のように1つ1つ区切って発音すると、確かに「かわいい」という発音になりますが、始めのように普通の早さで発音すると「かーいー」となっていることに気づくはずです。これは「かわいい」に限った現象だけではなく、例えば、普通のスピードで私たちが話しているときは、「今日」も「きょー」のように、文字とは異なる発音で話しています。

　これは日本語だけの現象ではなく、英語でも通常または少し早めのスピードで話していると、I like him. は h が発音されずに「アイライキム」となったり、はたまた Could you help me？では Could の d と you の y がくっついて、「クッド　ユー」ではなく「クッヂュー」のように発音されます。

　文字というのは、音を表すためのあくまで不完全な手段でしかなく、どれだけ工夫しても文字と発音を100％一致させることは不可能です。ですから、どうしても文字と音の間には乖離が生じてしまいます。これが先ほど述べたその言葉が内在的に含む文字と音のズレです。

Audiobooks

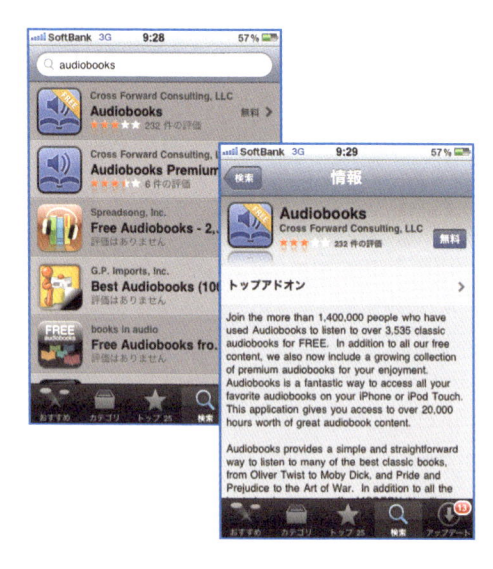

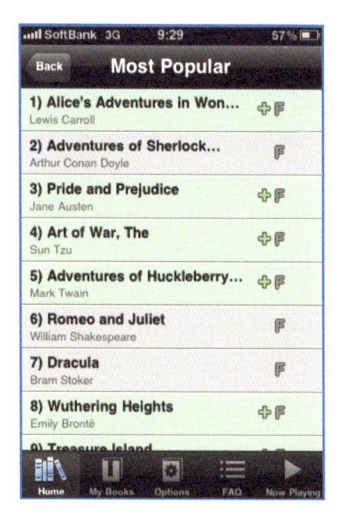

Audiobooks ではいくつか無料のコンテンツを用意している。よく知っている物語なら無理なく聞けるはず。

文字と音にはずれがある　その2
外国語を学ぶときに生じる文字と音のズレ

　2つめの「外国人が外国語を学ぶときに生じる文字と音のズレ」ですが、これは平たく言えば読み方や発音の間違いのことです。そういうとくだらなく感じる方もいるかも知れません。ですが、単語のスペルを見てそれを正しく読めるようになるというのは、実はかなり高度なスキルです。かくいう私自身、多言語を学習しているため、誤って単語を読んでしまったり、アクセントを置く位置を間違えてしまったりすることが結構あります。

　例えば、fragile（壊れやすい、もろい）は英語ではフラジャイルですが、私の場合この単語はもともとフランス語で覚えたので、ついついフラジールと呼んでしまいがちです。また、これは読み方ではありませんが、例えばarchipelago（列島）はアーキピラゴーとアクセントを置くのですが、この前、個人的にお気に入りのアプリであるアルクのPowerWordsを復習するまでは、間違ってアーキピラゴーと平坦なアクセントで読んでいました。

　本書の説明からも分かるように、私は学習に音声を多用する方です。けれども、これだけ単語の発音というのを間違って覚えてしまうのです。であるならば、音声学習を意図的に行わず、単語帳を使って単語を覚えたりしている人が、正しい単語の発音を覚えるのがどれほど難しいかは想像に難くないでしょう。おまけに、英語には日本人が苦手とする、lとrやsとthのような発音の区別も存在します。

　このように、外国人が外国語を学ぶときには、それぞれの言語に固有の音のレベルでも、読み方や発音の間違いによる文字と音のズレが発生してくるのです。

English Grammar in Use

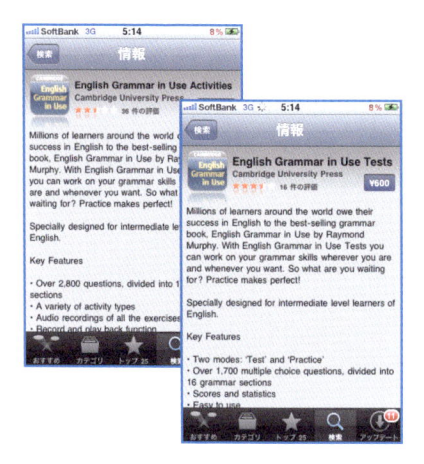

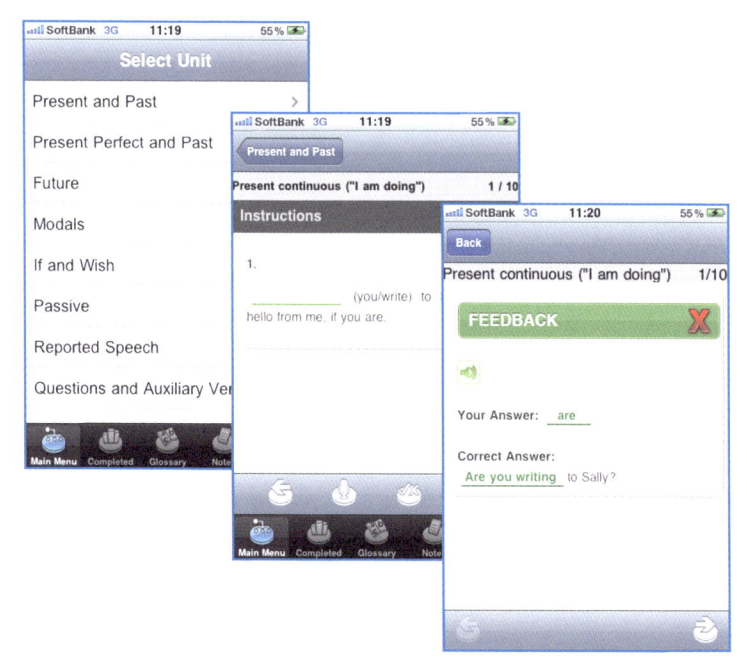

文法書として人気の高い「English Grammar in Use」もアプリになった。iPhone 上で問題を解く事に違和感がなければ、取り組んでみるのもいいだろう。

文字と音のズレを埋めることが
リスニング上達のカギになる

　以上述べたように、文字と音にはズレがあります。そして、このようなズレがあったのでは、どれだけ文法力や単語力や読解力があろうとも、リスニングを聞き取ることはできません。

　なぜかというと、例え fragile という単語を知っていても、これをフラジールと覚えていたら、フラジャイルという音を聞いて、音と文字を一致させることはできないからです。また、Could you という文字を見て意味を理解することができても、実際に発音されるときにはクッヂューのような音になるという知識がなければ、やはり聞き取れません。

　後で述べるように、実はリスニングとリーディングというのは、言葉が音声としてのインプットか、それとも文字としてのインプットかという違いを除けば、後は非常に共通点の多い行為です。ですから、リーディング力がある人は、潜在的には高いリスニング力を持っているのです。

　では、なぜ大学受験で高い偏差値をとっていた人でも、リスニングとなると全く理解できないのか。それは、今述べたような文字と音の乖離を埋める努力を怠ったため、音声のインプットを言葉としてうまく認識できないからです。なので、私を筆頭に、文字情報を主体に英語を習った通常の日本人にとっては、リスニングの上達のためには、文字と音を一致させる訓練が非常に重要な役割を帯びてくるのです。

　そして、そのためには、単語やフレーズレベルで、文字と音のズレを解消させる訓練をすることが大切になってきます。

日本人なら必ずしも誤訳する英文

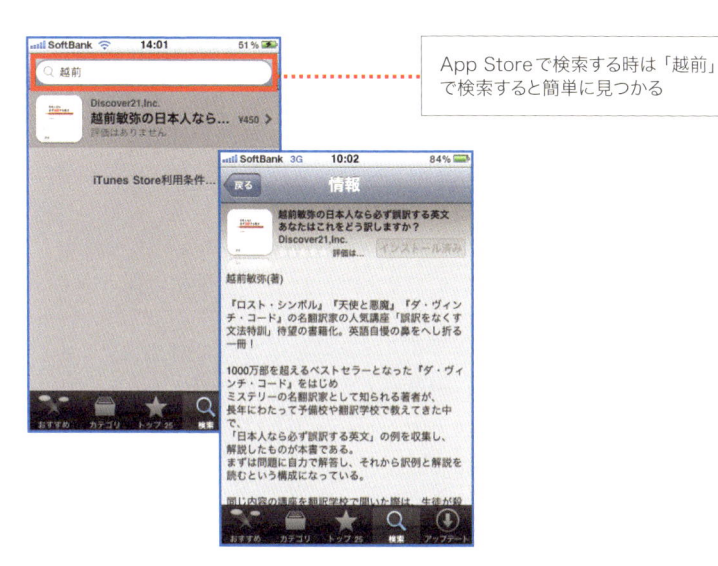

App Storeで検索する時は「越前」で検索すると簡単に見つかる

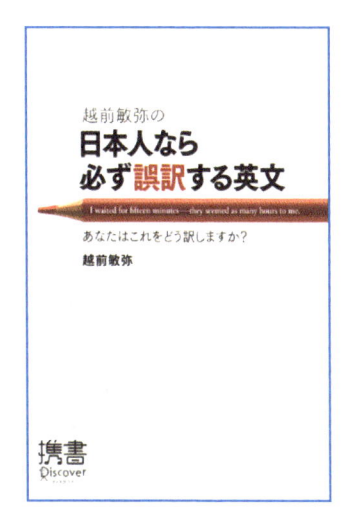

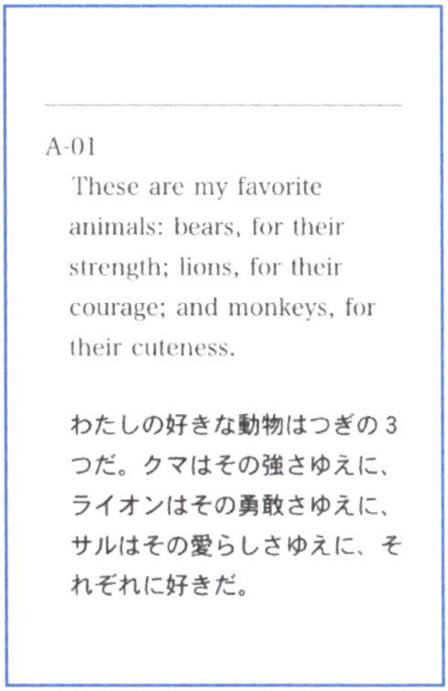

A-01

These are my favorite animals: bears, for their strength; lions, for their courage; and monkeys, for their cuteness.

わたしの好きな動物はつぎの3つだ。クマはその強さゆえに、ライオンはその勇敢さゆえに、サルはその愛らしさゆえに、それぞれに好きだ。

「日本人なら必ずしも誤訳する英文」は、iPhone上で英文読解を学ぶことができる数少ないアプリ。英文と解説を付き合わせる事で、インプットをしてるだけでは疎かになりがちな細かい点が身につく。なお、App Storeでは「越前」と検索すると、簡単に電子書籍を見つけられる。

なぜ日本人は外国語の
リスニングが苦手なのか？

　突然ですが、なぜ日本人は外国語のリスニングが苦手なのでしょう？　よくある答えは、「学校の授業で文法や読解といった書き言葉の訓練ばかりを行うから」というものです。確かに、それは一理あります。全く学校で話し言葉の訓練をやっていないのだから、学校以外で英語の勉強をしていない人が、いきなり英語の聞き取りをしろと言われても、それは無理というものでしょう。

　ですが、見ていると、そうした学校以外で英語を勉強していない人だけでなく、自分で英語の勉強をしている人の中にもリスニングを苦手としている人は多いです。これは不思議といわざるをえません。というのは、後で紹介するように、オーディオブックを使った偶発的な音声学習と、学校の授業で行うような書き言葉の意図的な学習はかなり相性がいいからです。

　私は2年ほど前にスペイン語を始めたのですが、スペイン語に関しては途中から、**偶発的な学習**はオーディオブックで行い、**意図的な学習**は英文読解や文法学習スタイルの勉強で行うと分けてしまったのですが、その結果、自分でも驚くべき速度でスペイン語が上達しました。

　特に、全く会話の練習をしなかったにもかかわらず、一般的なスペイン語学習者のレベルから見たら、かなり高度な会話力が身につきました。他の勉強を採用していたイタリア語はあまり上達しなかったことを考えると、この勉強がいかに効果的かがわかると思います。

　このように、日本の学校で一般的に行われている学習スタイルは、かならずしも音声スキルと相性は悪くないのです。ですが、実際英語を勉強している人を見ていると、リスニングを苦手としている人は多いです。いったい何故なのでしょうか？　iPhoneやiPadを勉強に使うようになってその答えが分かりました。それは、リスニングの勉強を単語やフレーズレベルで意図的に行うことを可能にしてくれる教材が存在しなかったからです。

Smart vocab

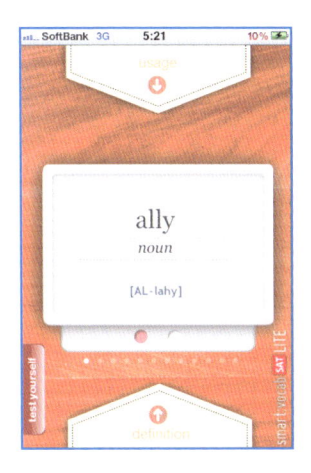

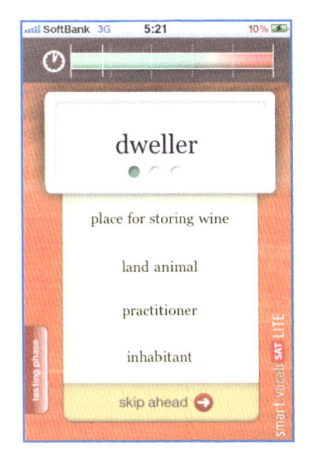

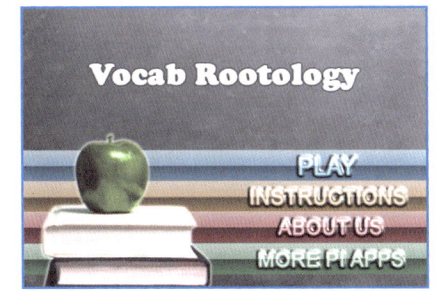

GREやSATといったアメリカの大学(院)に入学するための試験を受けるには、語彙力が重要になるが、そうした高度な語彙を学ぶには、Smart vocabシリーズは悪くない。ただ、単語に音声が欠けているので、発音は自分で調べないといけない。

今までリスニングは
意図的な学習ができなかった

　そういうと、「いや、シャドーイングや、TOEICのリスニング問題のような教材を使えば、リスニングの意図的な学習は可能じゃないの？」と思われる方もいるかも知れません。ですが、このようなタイプの意図的な音声学習には、1つ重大な弱点があります。先ほども述べたように、本やCDというメディアでは音声と文字を同時に学習することができないので、意図的な音声学習の最初の一歩となるべき単語や表現の学習において、**意図的な学習**をすることができないのです。

　シャドーイングにしても、リスニングにしても、書き取りにしても、最初の時点で正しく音を覚えるという訓練が抜けている以上、実際に音を聞き取る時点では、「聞き取れたらいいな」という希望頼みの訓練にならざるを得ない。

　いい換えれば、これらの訓練は学習者の意図としては、「リスニングを訓練する」という意図的な訓練なのですが、音と文字のマッチングという過程が抜けている以上、たまたま音と文字の両方を覚えている単語があれば聞き取れるという、偶発的な訓練にしかならないのです。ですが残念なことに聞いている英語の絶対量が少なすぎるので、**偶発的な学習**は起こりません。その結果、いつまでたってもリスニングができるようにならない。

　日本で行われている英語の学習には、こうした欠点があったのです。というと、難しく聞こえますが、間違ってcandidateをカンディダと覚えている人が、ちょっとTOEICの問題を解いたくらいじゃ、カンディデイトという正しい発音は身につかないということです。（なお、DVDの英語字幕を使った勉強法は、文字と音のズレを体系的に埋められる唯一の学習法なのですが、使われている英語が学習者向けではないので、ドラマを好きな人以外には学習に使いにくいという欠点があります）。

　英語のリスニングができるようになるためには、文字通り==浴びるように大量に英語を聞くか、そうでなければ単語レベルからきちんとした発音を積み上げていく必要がある==のですが、今まで私たちは

この2つのどちらも行ってきませんでした。だから、リスニングが苦手だったのです。

元同時通訳者の國引正雄氏を筆頭に音読(そして筆写)の重要性を指摘する人は多い。iPhoneやiPadを使って十分なインプットをしながら、音読や筆写によるアウトプットを行うと、英語の運用能力が飛躍的に伸びる。

一番のおすすめはPowerWords

　話をもとに戻すと、要するに日本の英語学習には、リスニングにおいて、**意図的な学習を体系的に行う方法が存在しなかった**というわけです。ですが、アプリを使えば、そうした欠点を簡単にカバーすることができます。なので、アプリを使う際は、特に単語やフレーズレベルでの学習に活用してもらえればと思っています。

　そうした理由から、最初におすすめしたいのがアルクのPowerWordsです。これは単語を学習するソフトなのですが、中学生レベルから英検1級レベルまで広範囲の単語を学習することができる上に、様々なエクササイズを利用可能で、しかも間違った単語はブラックリストに登録されるため、容易に復習することもできるという、至れり尽くせりのソフトです。

　今回本書で紹介するアプリの中でも、PowerWordsだけはみんな口をそろえて絶賛していたので、まずはこの1本をダウンロードするといいでしょう。値段も900円と手頃です。

　ちなみに、PowerWordはもともとパソコンソフトで、筆者はそれを買って妻にやらせたことがあったのですが、パソコンを立ち上げるのが面倒くさいという理由から彼女はすぐ投げ出してしまいました。ですが、今回iPadにPowerWordsをインストールしたところ、「気が向いたときにすぐできるのがいい」という理由で、ずっと続けています。これなどは、パソコンに比べたiPhoneやiPadの利便性を象徴しているエピソードだと言えるでしょう。

PowerWords

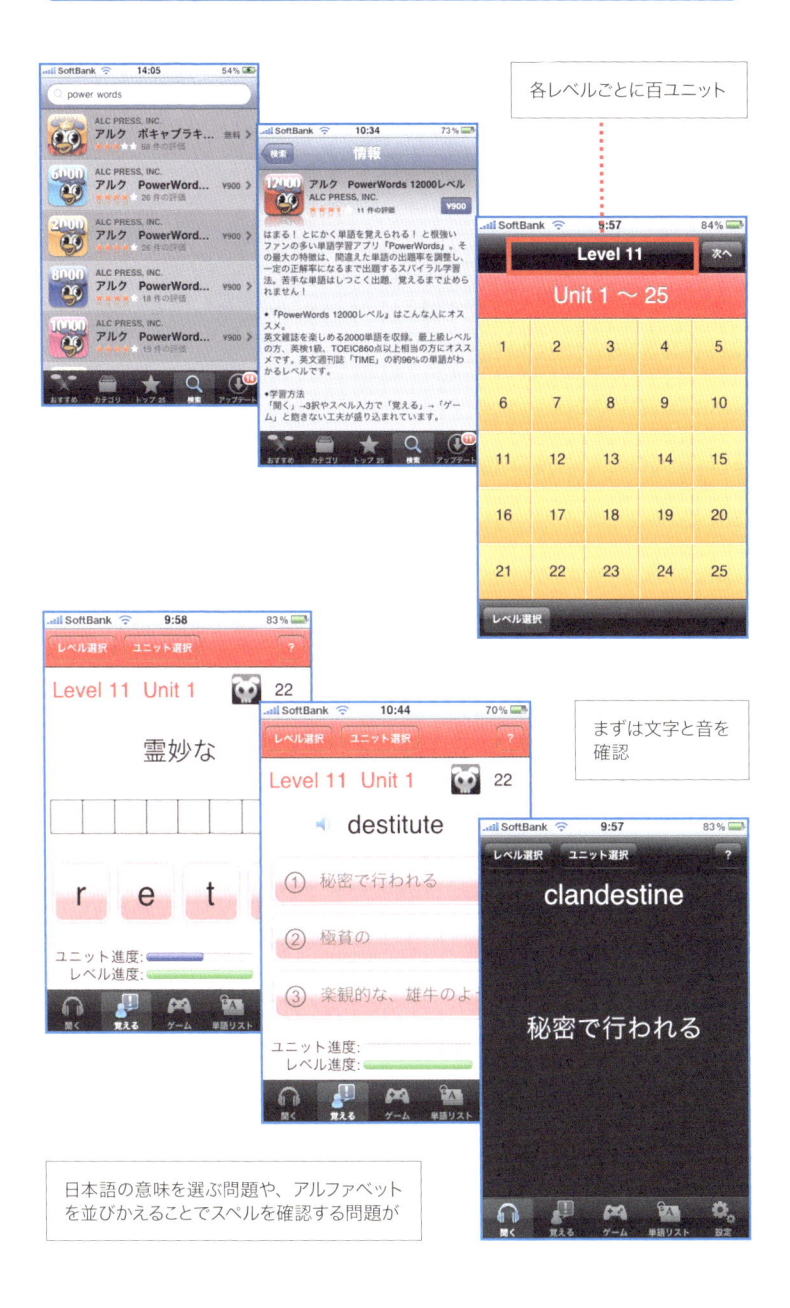

各レベルごとに百ユニット

まずは文字と音を確認

日本語の意味を選ぶ問題や、アルファベットを並びかえることでスペルを確認する問題が

TOEIC対策にも使えるLingopal

　今紹介したPowerWordsは単語を学ぶためのソフトですが、フレーズ単位での文字と音のすりあわせを行いたいという人におすすめなのが、Lingopalです。これは105円と値段は安いのですが、その分あまり機能は充実しておらず、ただ単にセクションごとによく使うフレーズとその意味が羅列しているだけです。

　ですが、個人的には使い方によっては、それなりに役に立つソフトだと思います。具体的な使い方ですが、こういう羅列系のアプリは、「TOEIC分類単語」と同じく、他人に出題してもらうのが一番です。例えば、通勤時間や休憩時間などにiPhoneでフレーズの音声と意味を確認しておき、後で友人などに自分が勉強したセクションの中からフレーズを出題してもらうのはどうでしょう？　もちろん、自信がある人であれば、予習せずにいきなり出題してもらうのもいいでしょう。

　なお、セクションは旅行・食事・買い物・商談など真面目な感じで、後半はナンパで使う表現が延々と並んでいますが、この前半部にはTOEICで使われそうな文章がたくさん並んでいます。ちなみに、レベルですが、TOEIC700点(そのうちリスニング330点)の知人に、英語を聞いて日本語にするという形式で試してもらったところ、予習なしでいきなり聞き取りをして、6割から7割程度の正答率でしたので、ある程度リスニングをできる人を除いては、十分勉強になるでしょう。

　ですから、TOEICの勉強をしたいけど、本を買う気にまではならないという人は、このLingopalとTOEIC分類単語を使って勉強を始めてみるのもいいのではないでしょうか？　費用は115円しかかからないので、とりあえず試しにアプリをダウンロードしてみたい方にはおすすめです。

Lingopal

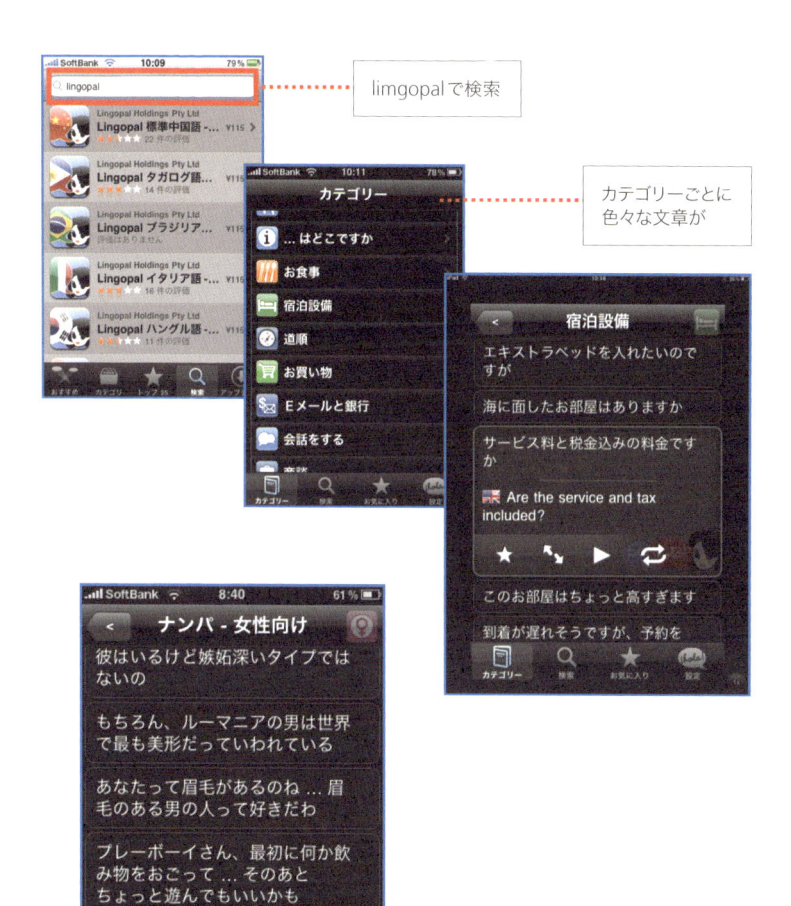

limgopalで検索

カテゴリーごとに色々な文章が

中にはわけのわからない文章も
普通眉毛はあるだろう…

TOEIC文法セクション対策をしたい人に

　今までは単語やフレーズレベルで英語の勉強をするアプリを紹介してきましたが、中には「TOEICの文法対策をしたいんだ」と感じる人もいるかも知れません。そんな人は、『新TOEIC(R) TEST文法・語彙問題秒速トレーニング』や『TOEIC®テスト英文法・語法徹底トレーニング』のような、文法問題に特化したアプリを使ってみるのもいいでしょう。

　ただ、ここで注意したいのは、こうした文法問題に特化したアプリはある程度使い手を選ぶということです。というのは、理解が優先される文法学習では、iPhoneやiPadの持つ文字と音を同時に使えるという利点が必ずしも活かされないからです。おそらく、文法学習アプリを使ってためになるのは、そのアプリを使って解くための十分な英語力がある人だけでしょう。

　実際、生徒や友人に本書に出てくるアプリのレビューをしてもらったところ、文法学習アプリに関しては評価が大きく分かれました。これは、アプリそのものの出来不出来というよりは、使い手の文法力によるところが大きいでしょう。というのは、文法学習アプリがあまり好きではない人たちの多くは、「説明がわからない」という不満を述べていたからです。

　ですから、文法学習アプリに興味がある人は、App Storeで文法学習アプリを探した後、見本の欄にある問題文を読んでみてください。答えがさっと分かる、または答えには確信を持てないまでも、文章の意味は分かるというのだったら、そのアプリを買ってもいいですが、それ以外のケースは通常の書籍で勉強した方がいいでしょう。

　もちろん、これから先さらにアプリが充実してくれば別ですが、現段階では文法アプリは使う人を選ぶというのは、意識しておいてください。

TOEIC対策アプリ

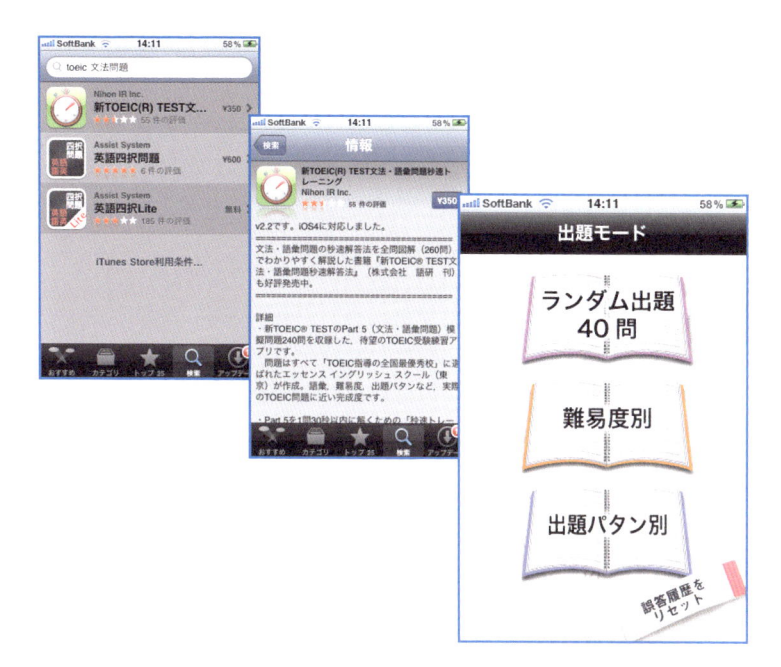

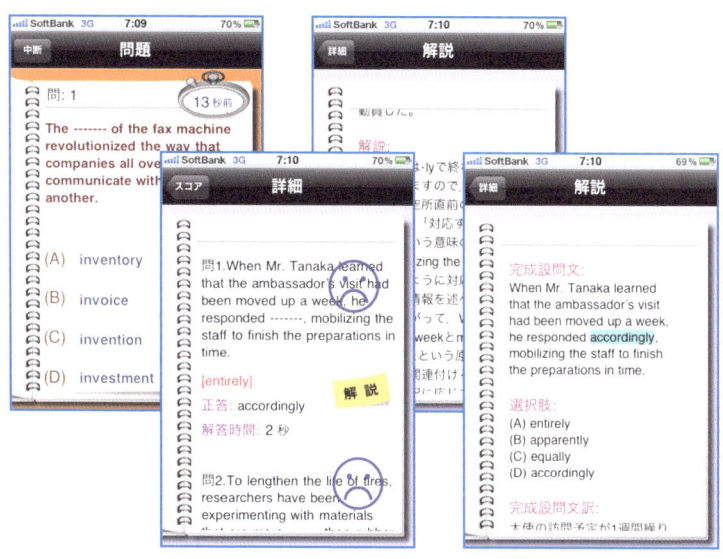

『不思議の国のアリス』でリーディングとリスニングを同時に学ぶ

　ところで、今までは主に意図的な学習を通して英語を勉強するアプリでした。ですが、実際には偶発的な勉強を可能にしてくれるアプリも多数あります。その中で私がお薦めしたいのが、英語タウンが公開している『不思議の国のアリス』というアプリです（値段はiPhone版が450円、iPad版が600円）

　これはオックスフォード大学出版局から出ている、簡単な英語だけで書かれた『不思議の国のアリス』をもとに、iPhoneやiPad版に作り替えたもので、赤字のものだけですが単語を検索できたり、はたまた文章の朗読が聞けたりと、英語学習用にはなかなか便利です。

　高度な英語力をつける上では、読書やオーディオブックを聞くことが欠かせないのですが、こうした読書法は一般の学習者にとってはかなり敷居が高いのもまた事実です。なので、まずはこの『不思議の国のアリス』のアプリを使うところから始めてみてはどうでしょう（その後、英語タウンから何作が新作が公開されているようなので、興味がある人はApp Storeで「英語タウン」と入れて検索してみてください）。

　なお、このアプリが難しいという人には、同じ英語タウンで公開されている、「3匹のこぶた」、「長靴をはいた猫」、「3びきのくま」などがおすすめです。こちらは10ページ程度しかなく、しかも値段も115円と格安なので、『アリス』は難しそうと感じる人は、まずこちらで試してみましょう。

　同じようなアプリとしては、『世界の名演説』もあります。タイトルからも分かるとおり、こちらは感動的な演説を集め、その音声と原稿を同時に使えるようにしたアプリで、スティーブ・ジョブズのスピーチも含まれています（英語はアリスより難しいです）。これも**偶発的な学習**をするためのとっかかりとしては、非常に優れているので、『不思議の国のアリス』を聞いた後に、もっとアプリを使って偶発的な勉強をしてみたいという人は、こちらを使うのがいいです。

以上で、アプリを使った英語勉強法の紹介は終わりです。次章では、アプリで培った英語力を活かすために、電子書籍ならびにオーディオブックを使った勉強法を紹介していきます。

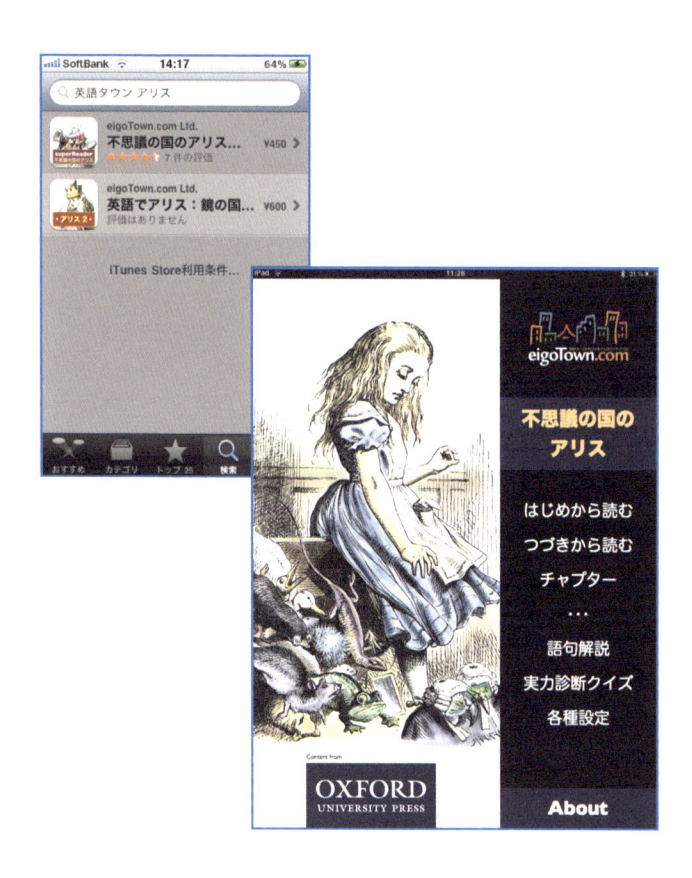

電子書籍とオーディオブックで英語を学ぶ利点

　タイトルこそ、「電子書籍とオーディオブックで英語を学ぶ」となっていますが、第5章では、主にオーディオブックで英語を学ぶ方法を説明していきます。なぜかというのはこれから説明していくのですが、そのためにもそもそも「電子書籍とオーディオブックで英語を学ぶことにはどんな利点があるか？」から説明させてください。

　結論からいってしまえば、電子書籍とオーディオブックで英語を学ぶことの利点、それは大量のインプットを得られることにほかなりません。英語が上達するためには、自分のレベルにあった英語を大量に吸収するi+1インプットを行うことで、英語に関する「気づき」を得ることが欠かせないのは2章で述べた通りです。

　この気づきは様々な方法で得ることができますが、iPhoneまたはiPadで英語を勉強している人にとって、一番便利でかつ汎用性が高いのが電子書籍とオーディオブックを使うことなのです。なぜかというと、この2つの勉強は自分1人で行うことができるからです（ちなみに、実際には洋画や海外ドラマのDVDとその英語字幕をリッピングし、それをiPhoneやiPadで見ることでも、豊富にi+1インプットを行うことができます。ですが、操作が上級者向けということで、本書では割愛しています。興味がある方は、自分でDVDをリッピングした後に、3章で説明しているDVDを使った勉強法を参考にしてください）。

　もちろん、日本にいながらでも、ネイティブと会話を行うことで、気づきを得ることは当然可能です。しかしながら、もし英語で話すことで「気づき」を得ようとすると、ノンネイティブスピーカーであれ、ネイティブスピーカーであれ、英語で長時間話すことのできる相手が必要になります。ですが、日本国内で英語を勉強している人の中で、ただ長時間英語だけで話す相手がいる人はそれほど多くないでしょう。

　以上のような理由から、日本で英語を勉強している場合は、オーディオブックや洋書の読解のような1人で行うことのできる方法

を主にして「気づき」を得ていくことになるのです。ところでなぜ洋書ではなくオーディオブックを勉強のメインにすすめるのでしょうか？

　それは、洋書よりもオーディオブックを使った方が、より汎用的な英語力を得られるからです。

> 🔍 i+1インプット ❌
>
> 自分のレベルより上すぎると理解できないし、カンタンすぎると学ぶことがないので、自分のレベルよりちょっと上の英語を大量にインプットすることで、自分の知らない英語を学ぼうという考え方。もっとも、日本人の場合、難しい英語を少量学ぶことになれているので、最初のうちはむしろ簡単な英語をインプットすることを目的とした方がいい。

リスニングとリーディングは似ている

　では、なぜオーディオブックの方が、より汎用的な英語力を得られるのでしょうか？　その質問に答える前に、すこしリスニングとリーディングについて話をさせてください。一般的に、日本では、リスニングとリーディングは全く異なる活動と考えられがちです。ですが、これは勘違いにすぎず、実はこの2つはかなり似通っています。と言われても、よく分からない方もいるでしょうから、ここでリーディングとリスニングがどのように起こるかを説明することにしましょう。

　まずリーディングですが、これは目で言葉を文字として認識し、その後は認識した単語の意味を理解し、次にそれを文法的に処理し、文の意味を理解した上で最後に会話の文脈の中で適切に理解するという5つの段階から成り立っています。それに対しリスニングは、最初に耳で言葉を音として認識し、その後は認識した単語の意味を理解し、次にそれを文法的に処理し、最後にそれを会話の文脈の中で適切に理解するということになります。言い換えれば、スタートポイントである言葉を認識する場所が異なるだけで、それ以外の処理は大体同じなのです。

　もちろん、実際にはリーディングとリスニングで異なる点もあります。一番異なるのは、文章では言葉が文字として存在し続けるのに対し、会話では言葉は音として表現されるため、話した端から言葉が消えていってしまうということです。そのため、書き言葉に比べると話し言葉には決まり文句が多いという文体面の特徴が産まれます。なぜかというと、決まり文句を多用することで、文法的処理の負担を減らすことができるためです(この辺りの詳しい説明は、会話の章で見るので、分からない人は飛ばしてかまいません)。

　このように、細かく見ていけば、リスニングとリーディングの間には違いがあります。ですが、少なくとも多くの人が思っているほどには、リスニングとリーディングは違わないのです。

リーディングとリスニングの共通項

リーディング

文字認知 ⟷ 単語意味理解 ⟷ 文法処理 ⟷ 文の意味理解 ⟷ 文脈理解

リスニング

音声認知 ⟷ 単語意味理解 ⟷ 文法処理 ⟷ 文の意味理解 ⟷ 文脈理解

リーディングとリスニングは共通点が多い。

注 実際には、文脈理解や意味理解が先に起こり、後で単語理解や文法処理が起こることも多い。矢印が両側を向いているのは、そのせい。

話し言葉と書き言葉には文体の違いがあるので、実際は読んでわかる文章でも聞いたらわからないという時が。

オーディブックを聞くと、勝手に文字と音のすりあわせが起こる

　では、なぜオーディオブックで英語を使った英語の勉強、言い換えればリスニングを通してインプットを行うことを推奨し、リーディングでインプットを行うことを推奨しないのか、それは日本でリーディングをメインに勉強を行っていると、どうしても間違った発音で単語を覚えてしまいがちなので、知っている英語が聞き取れなかったり、口をついて出てこなかったりするからです。それに対し、耳から入れた英語であれば、最初から正しい音が身についているので、当然正しく聞き取れますし、加えてある程度は口から出てくる。なので、会話の訓練をしなくても、一定のレベルまでは、勝手に英語で話せるようになります。

　と言っても、実際には耳からのみでインプットを行っていると、間違ったスペリングを覚えてしまったり、文法がいい加減になってしまったりするので、やはり文字と音のすりあわせは行わないといけません。ですが、音→文字の順序ですりあわせをする方が、文字を覚えておいて、その後で音のすりあわせをするよりも、ずっと楽です。

　これは、日本で英語を勉強した後に、リスニングの勉強をした人だったら納得されるでしょう。私も経験がありますが、TOEICなどでちょっと早い英語を聞くと、何が何だか全く分からないし、そもそも原稿を見てもどうしてその単語がこう発音されるのか全く分かりません。それに対し、日本の中・高校で英語を勉強したことがある人であれば、書き言葉であれば、文法書や辞書を使ってある程度分析的に理解することはそれほど難しいことでありません。

　このように、**意図的な学習**をリスニングで行うのは、非常に難易度が高いのです。ですから、インプットは音声で行い、その理解度を高める**意図的な学習**は文字で行う、これが様々な語学を学習する上で、個人的には一番効果的な学習方法でした。だからこそ、洋書を読むことよりも、オーディオブックを聞くことをすすめるのです。

オーディオブックの選び方(1)

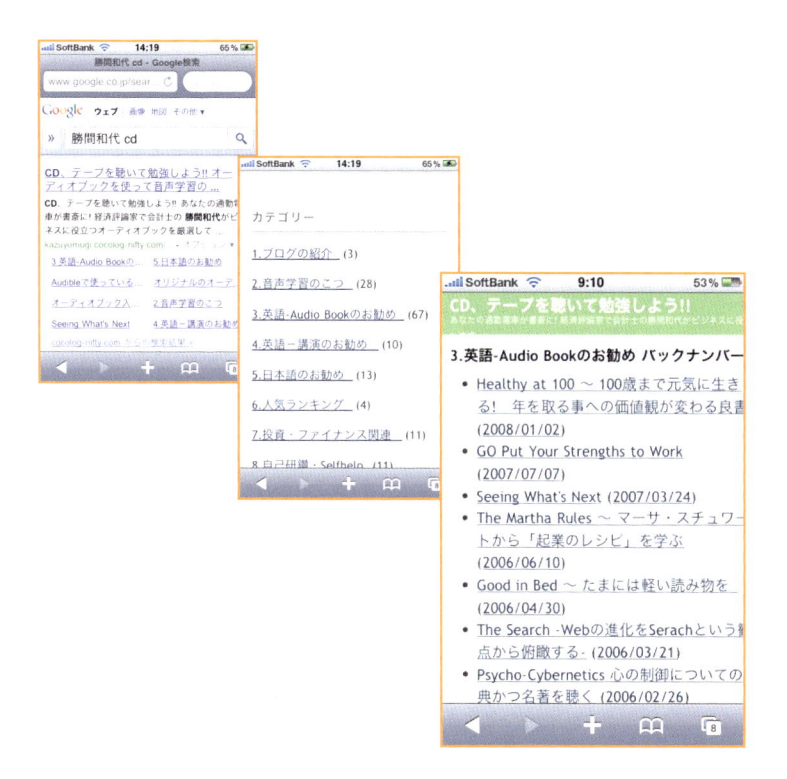

オーディオブックで英語を勉強しようと思っても何を買っていいかわからない人も多いだろう。そんな人は経済評論家勝間和代氏のブログ『CD、テープを聞いて勉強しよう』を参照してほしい。

耳から英語は実行しやすい

　ところで、オーディオブックには、今述べた文字と音声のすりあわせを行いやすいという利点に加えて、もう1つ利点があります。それは、オーディオブックを使う方が、電子書籍を使うよりも、英語を**アンビエント化**しやすいということです。

　例えば、洗濯物を干したり、自転車に乗ったりしているときに、本を読むことはできません。ですが、これらの行動を行いながらオーディオブックを聞くことは可能です。なぜならば、洗濯物を干す、または自転車を乗るという行為に必要なのは視覚であるのに対し、オーディオブックを聞くのに必要なのは、聴覚だからです。

　一般的に、現在社会に住む我々の日常生活では、視覚は常に何らかの情報を処理する必要に迫られていることが多いのですが、聴覚は比較的遊んでいることが多いです。そのため、オーディオブックを使うことで、比較的容易に様々な活動と英語の勉強を両立することができるのです。

　ですから、オーディオブックを聞く習慣さえつけば、後は無理して英語を勉強する時間を増やさずとも、自然と英語をインプットすることができるようになります。言い換えれば、オーディオブックを使うことで、自然と英語をインプットする生活習慣ができあがるのです。

　「はじめに」で書いたように、iPhoneやiPadを使う一番の利点は、英語を**アンビエント化**してくれることにあります。そして、オーディオブックを聞く習慣をつけることで、**アンビエント化**が更に進むのです。

　ですから、是非オーディオブックを英語の勉強に活用してもらいたいと思います。

PowerWords

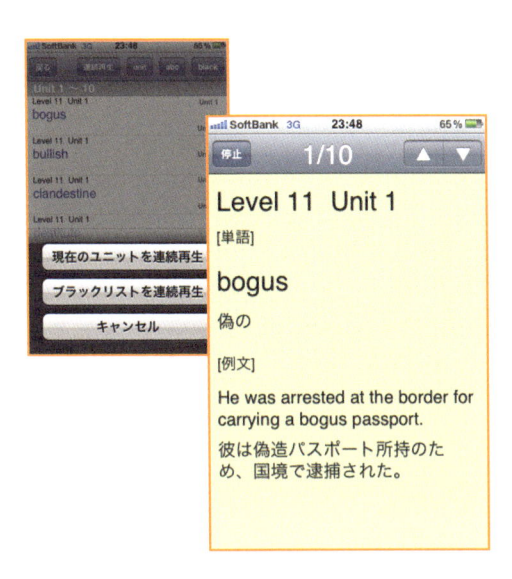

p.55 で紹介した PowerWords だが、問題を解いている時に出てくる「単語リスト」を押すと、単語リストが出てくる。この時、上に表示されている「連続再生」を押すと、その時学習しているユニットの単語と例文が次々と読み上げられる。
また、単語リストの単語を押すと、各単語及びその例文を 1 つずつ復習できる。なので、通常の単語帳の様に、ノートに単語とその日本語訳を書いて学んでもいいだろう。

耳から英語は実行しやすい

　ところで、このように優れた利点を持つオーディオブックが、今までなぜ英語の勉強に取り入れられてこなかったのでしょうか？　1つは、今まではオーディオブックが入手しにくかったというのもあるでしょう。audible(オーディオブック専門サイト)やiTunesでオーディオブックをダウンロードできるようになるまでは、オーディオブックが収録されたCDを買わないといけなかったのですが、洋書を専門に扱っている本屋などに行かないとそうしたCDは入手できませんでした。ですから、マイナーな存在だったのもしょうがありません。

　ですが、インターネットが発達し、『英語は耳読書で学べ』(中経出版)のようなオーディオブックで英語を勉強するための本(非常に優れた内容だと思うので、本書を読んでオーディオブックに興味を持った人は、是非読んでください)が出た現在でも、オーディオブックを英語の勉強に使いこなしている人はそれほど多くない気がします。

　いったい何故でしょうか？　その一番の理由、それは恐らく英語の音声と文字のすりあわせ、いい換えればリスニングの**意図的な学習**を一から行ってくれる学習が存在しなかったからでしょう。

　オーディオブックを使った学習は、**偶発的な学習**です。で、他の**偶発的な学習**と同様、オーディオブックを使った**偶発的な学習**は、それだけでは上達が途中で止まってしまう弱点がある。なので、一から文字と音をすりあわせる訓練を行わないといけません。ですが、今まではそれがなかった。なので、オーディオブックで英語を聞いても、上達する実感が湧かず、途中で諦めてしまったのではないでしょうか？

　しかし、第4章で述べたように、アプリを使えば、こうした文字と音のズレを1から学習することができます。加えて、iPhoneやiPadはキンドル(Kindle)とiPod機能を同時に使うことができるので、キンドルで英文を見ながら、iPodでその朗読を聞くということもできます。このように、様々な形で文字と音をすりあわせることが可能になりました。なので、様々なレベルからオーディオブックを勉強に組み込めるようになったのです。

英語は耳読書で学べ

「英語は耳読書で学べ」は、オーディオブックの使い方を専門的に解説した唯一の書籍。勉強方法に迷ったら読んでみよう。

耳から英語は先行しやすい

　ところで、オーディオブックを聞くときに気をつけてほしいことが1つあります。それは、理解度を気にしないということです。というと、不思議に思われるかも知れません。というのは、既に述べたように、**i+1 インプット**のように自分で理解できるレベルのインプットじゃないと、英語の上達にはつながらないからです。

　それは確かにそうです。自分が分からない英語をいくら聞き流していても、右から左に抜けていってしまうので、聞くだけ時間の無駄です。ただ、私が今回スペイン語を勉強して思ったのは、オーディオブックそのものの理解度を上げる努力をしなくても、読解や文法といった**意図的な学習**をしていれば、わざわざオーディオブックの理解力を上げる訓練をしなくても、勝手に聞き取れるようになるんだなということです。

　考えてみれば、聞き取れないといっても、様々な要因があります。もしかしたら、単語を知らないのかも知れないし、文法が理解できてないのかも知れません。はたまた、音が聞き取れないのかも知れませんし、こうした要因が全てクリアしていても、音読のスピードで英語を処理できなかったり、内容が理解できなかったりすれば、やはり理解できません。

　なので、あるところが聞き取れなかったときに、そこを何回も聞き返せば理解できるかというと、そういうわけではありません。それよりは、分からなかったところは分からないで聞き流してしまい、それ以外の勉強をきっちりするようにしましょう。そうすれば、だんだんと理解度が上がり、次第に最初は分からなかったところもわかるようになります。

　オーディオブックを使った学習はあくまで偶発的な勉強の場であり、知っている英語が聞き取れたらそれで十分、新しい英語を習うのはアプリや、6章や7章で薦める参考書を使った**意図的な学習**で行うと割り切ってしまいましょう。それでも気になる場合は、さっき述べたように、原書や邦訳を読んで、その後でオーディオブックを聞けばいいのです（Kindle と iPhone を使えば、同時に洋書と

オーディオブックを聞くことも可能)。

　邦訳を読んでからオーディオブックを聞けば、全体像が分かっているので、分からないところがあっても、十分に英語を学ぶことができます(というより、オーディブックを邦訳を読まないで聞くのは、かなり難しいです。というのは、基本的にオーディブックは他のことをしながら聞くものなので、どうしても途中で注意がそれてしまうからです。ですから、邦訳なり原書なりを読んで、内容を理解した上で聞くのがベストです)。

いきなりオーディオブック

また聞きとれなかった。
どうしよう？
やっぱり無理なのかな…。

邦訳や原書を読んでからオーディオブック

ああ、こんなシーンあったなあ。
前より聞きとれてる気が…。
よし、これからも頑張るぞ。

まずは『Who moved my cheese ?』から初めよう

　以上で、オーディオブックに関する説明は終わりです。ここからは、実際にオーディオブックを説明していきますといいたいところですが、もう1つだけオーディオブックの探し方を説明させてください。といっても難しいことはなく、iTunesで英語タイトルを検索すればすぐ見つかります。

　どの本を最初に紹介するかというと、これはもう"Who moved my cheese ?"(邦題：チーズはどこへ行った？)以外にはないでしょう。これは10年ほど前に流行ったビジネス書のオーディオブック版なのですが、なぜこの本を最初に薦めるかというと、使われている英語が中学レベルで理解しやすいからです。

　他のオーディオブックは、スピードが早い上に、内容も難しいので、なかなか上達を実感しにくいのですが、このオーディオブックは耳さえ慣れれば、簡単に聞き取れるようになるので、比較的簡単に上達が実感できます。

　ですから、アプリを使った勉強の効果を実感するためにも、本書に是非取り組んでみてください。内容的には、アメリカ的な反知性礼賛の書なので(スティーブ・ジョブズのスピーチの決め文句もそうですね)、述べられている価値観に違和感を持つ人もいるでしょうが、「アメリカ人はこういう考え方をする」という風にアメリカ人特有の思考法を学ぶ書物として使うといいでしょう。もちろん、中にはこうした考えがしっくり来る人もいるでしょうから、それはそれでかまいません。

　ちなみに、本書はキンドル版も発売されているので、読解の訓練としても使う場合は、キンドル版を購入してみて下さい。

Who moved my cheese ?

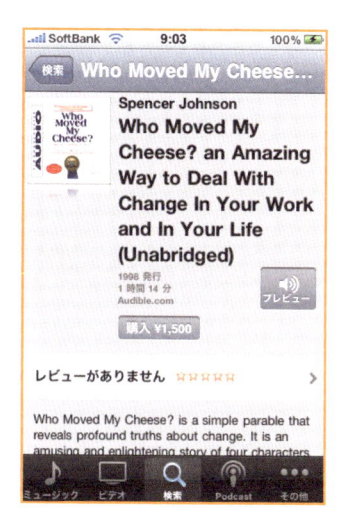

" Once, long a go in a land for away, there lived four little characters who ran through a maze looking for cheese to nourish them and make them happy... „

このようにネイティブ向けの本としてはかなり簡単。まずはこれから試してみよう。

ビジネス系おすすめオーディオブック

　iPhone や iPad を使っている人には、ビジネスマンが多いようですので、ほかにもビジネス系のオーディオブックを勧めていきましょう。一般的にビジネス書は簡単な英語で書かれていることが多く、TOEIC600 点ぐらいから学習に利用できるので、日本語でビジネス書を読む方は英語のビジネス書を聞く習慣をつけると、英語の上達に役立ちます。

　今から紹介する Eat that frog ! は、時間管理やスケジュール管理に関する本です。日本では、『カエルを食べてしまえ』というタイトルで邦訳が出ているので、読んだことがある方もいるかも知れません。Who moved my cheese ? ほどではないですが、簡単な英語が使われているので、2 冊目に聞くオーディオブックとしてはちょうどいいでしょう。

　それに対して、日本でも『金持ち父さん』シリーズとして人気の、Rich Dad, Poor Dad シリーズは、英語は少し難しめです。けれども、先ほど述べたように、邦訳を読んで全体像を理解した後に望めば、英語が分からなくても十分について行けるので、心配入りません。英語的には、投資などに関連した用語が用いられているので、TOEIC を目的に勉強している人が語彙の確認などに使うといいでしょう。なお、一番有名な Rich Dad, Poor Dad はオーディオブックにはないので、シリーズのうちどの本なのかを確認した上で、オーディオブックを買うようにしましょう。

　さらに難しいものとしては、自己啓発書の古典に当たる The 7 habits『七つの習慣』があります。ちなみに、The 7 habits のように長い本の場合、abridged と呼ばれる短縮版と、unabridged と呼ばれる完全版があります。どちらを選んでもかまわないのですが、選び間違えないようにしてください（長さで分かるとは思いますが）。

オーディオブックのおすすめ

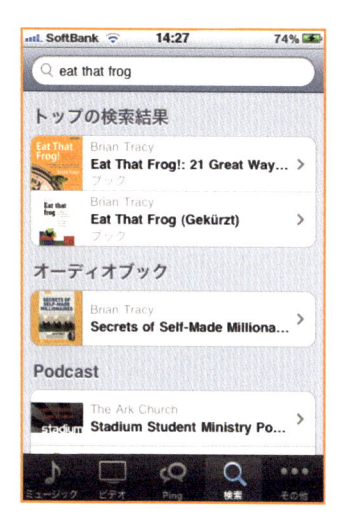

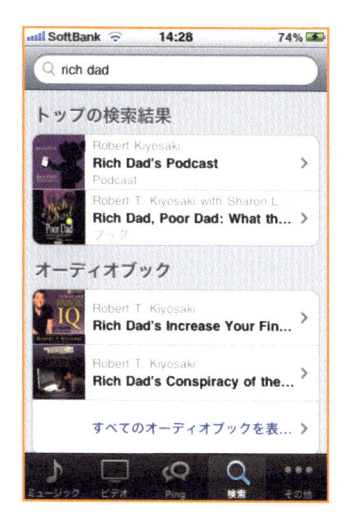

それぞれ、eat that frog、rich dad、7 habits で検索してみよう。なお、繰り返しになるが、auidobook を聞くときは理解度は度外視してよい。日本語書籍を読みさえすれば、後は聞き流しているだけで十分だ。

子供向けの本をオーディオブックで聞く

　ビジネス書が続いたのでここで少し気分を変えて、日本でも人気のある『星の王子様』こと、The Little Prince を紹介しましょう。本書は時間も2時間弱と短く、英語もそれほど難しくはないので、入門編として使うのに手頃な教材です。私もスペイン語を勉強し始めたころにリスニング力を鍛えるために『星の王子様』のスペイン語版を使いました。

　なお、The Little Prince はフランス語からの翻訳ということもあり、書籍の英語と音読されている英語が違う可能性があるので、書籍を買う方は気をつけてください。私はスペイン語版のオーディオブックと書籍を買ったときに、てっきり同じ文章が朗読されているかと思ったら、全然違ったのでびっくりしました。

　児童書としては、数年前に一世を風靡した Harry Potter も iTunes でオーディオブックを買うことができます。もっとも、こちらは The Little Prince に比べると、英語が難しく、かつ圧倒的に長いので、英語のレベルだけを見たら上級者向けです。ただ、Harry Potter が好きという人は、勉強を始めた段階から購入してもかまいません。その本を好きだという情熱があれば、多少のレベルの差はどうにでもなります。

　ほかには、Little Red Riding Hood（赤ずきんちゃん）や Sleeping Beauty（眠り姫）や Cinderella（シンデレラ）、そして fairy tales（おとぎ話）などで検索してみるのも悪くはありません。子供向けなので、英語が苦手でも十分楽しめるでしょう。

子供向けオーディオブック

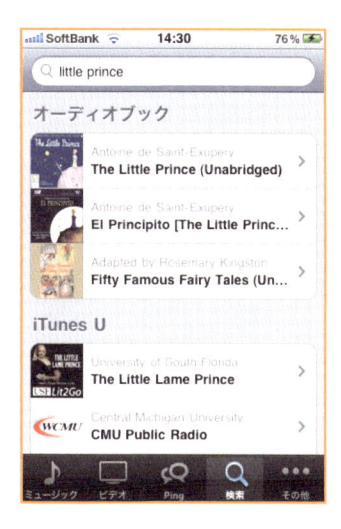

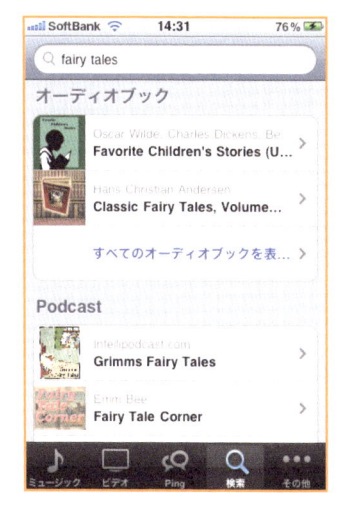

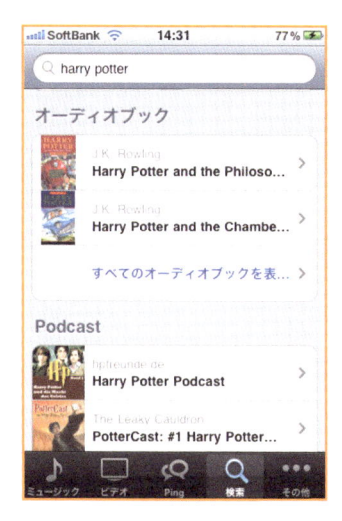

オーディオブックで文学書

　ほかには、村上春樹の小説もオーディオブックで聞くことができます。『ダンス、ダンス、ダンス』、『ノルウェーの森』、『海辺のカフカ』などなど様々な小説のダウンロードが可能なので、英語で小説が読めるようになりたいという人は、一度トライしてみてもいいでしょう。

　なお、これらの小説のレベルですが、今まで紹介した本の中では難しい方に入りますが、最初から英語で書かれた小説に比べると、英語が簡単なので、TOEIC で 700 点程度あれば、ついて行けなくはありません。ほかには、村上春樹の訳した The Great Gatsby や、日本で人気のある Paul Auster の作品も iTunes で見つかりますが、日本語で書かれた小説の翻訳に比べるとちょっと難しめかも知れません。

　個人的には、ディケンズの名作 A Christmas Carol も悪くはないと思います。やはり英語は難しいですが、短編ということもあり、分からないところを逐一辞書でチェックした後に、書籍を見ながらオーディオブックを聞くという勉強法をするには最適でしょう。

　以上、おすすめのオーディオブックを紹介してきましたが、これらを使って勉強するコツは、とにかく理解度を気にしすぎないことです。もっとも、そうはいっても、やはり全然分からないと不安になることもあるでしょう。そういう場合は、4 章で紹介したようなアプリを使って文字と音のすりあわせを行ったり、または『絶対「英語の耳」になる！リスニング 50 のルール』(三修社)や、『知ってる英語なのになぜ聞き取れない？』(ナツメ社)のような本を使って、英語の音変化を学んだりすることで、**意図的な学習**を行ってください。個人的には、理解度は**意図的な学習**だけに任せてしまい、偶発的な勉強をするときは、理解度を気にしない方が、楽に勉強できると思います。

　以上で、オーディオブックと電子書籍を使った英語の勉強法は終わりです。次の 6 章では、今までのインプット重視の勉強で培った英語力を、ライティングやスピーキングといったアウトプットに

生かしていくための訓練の手始めとして、Twitterを使った英語ライティング勉強法を説明したいと思います。

アウトプットの訓練をしても、アウトプットはできるようにならない？

　今まで紹介した学習法は、主にiPhoneまたiPadを使ってインプットを行うためのものでした。英語力を身につける上で、このようなインプットが大切であるというのは、皆さんは既に納得していただけていると思います。2章で説明したように、英語力を身につけるために一番大切なのは、インプットを行うことによる気づきであり、それ以外の事柄というのは、基本的には「気づき」を引き起こすための二次的な効果しか持たないのです。

　ですが、だからといって、アウトプットの訓練を行うことが役に立たないというわけではありません。もちろん、闇雲にアウトプットの訓練を行うだけでは、英語は上達しません。それは、受験勉強を見ても分かるでしょう。一般的に、受験勉強というとインプット重視の学習だと思われがちですが、実は受験勉強、特に文法学習の分野では、アウトプットが重視されています。

　例えば、私が教えている予備校では、生徒がまず指定された単元の文法を学習してきて、授業ではその範囲内から出題された問題を解き、その後私が解説するという形で授業が行われているのですが、こうした授業形式ではインプットは行われず、理解とアウトプットのみで授業が進んでいきます。

　このように、一般的な予想と異なり、受験勉強ではアウトプットはかなりの比重を占めています。だからといって英語がラクラクとアウトプットできるようになるかというと、話し言葉だけでなく、書き言葉でも、なかなか自在に英語を使うことはできません。3章で述べたように、英語を使えるようになるためには、**意味**、**形**、**機能**の3つの要素を同時に扱う必要があるので、単純に形、つまり文法だけをアウトプットする訓練をしても、実際のコミュニケーションの場では、なかなか使いこなせないのです。

受験英語

✕ インプットばかり

◯ 文法問題、並びかえなどのアウトプットが多い

⬇

でも、スラスラ英語はできるようにならない

⬇

> アウトプットが苦手
>
> ⬇
>
> アウトプットの練習をすればいい

そんなに単純ではない…

ライティングをスピーキングにつなげよう

　もっとも、口頭で英語を作り出す瞬間英作文の訓練をすることが、無駄だというわけではありません。日本の英語教育のスタイルでは、音声情報がすっぽり抜けてしまうので、こうした訓練をすることで、音声情報と文字情報を一致させるのは、非常に効果的です。ですから、7章で述べる訓練と平行して、「どんどん話すための瞬間英作文トレーニング」（ベレ出版）のような本を使って、口頭で文法の訓練を行うのもいいでしょう。

　ですが、先ほど述べたような理由から、こうした訓練だけでは英語を自由自在に使いこなせるようにはならないのです。文章であれ、口頭であれ、英語をアウトプット理解できるようになるためには、形だけに注目した訓練だけでなく、意味に重点を置きながら、形にも注目できる訓練を行わないといけません。そして、そのためにおすすめなのが、ライティングです。

　なぜかというと、ライティングを行うことで、インプット重視の学習ではおろそかになりがちな単語や文法を能動的に用いる力を養成することができるからです。もっとも、これだけではスピーキングを行うのと変わりません。ライティングを行うもう1つの理由、それは辞書や参考書を調べながら文章を書くことで、それまで自分が身につけたパターンが壊れ、よりきめ細かな表現力を身につけることができるからです。

　既に述べたように、人間の処理能力は限られています（だからこそ、意味の重視される実際のコミュニケーションの場では、知っている文法でもなかなか使いこなせないのです）。ですから、英語が上達するためには、文法や単語などを反射的に使いこなせるようにすることで、処理能力にかかる負担を減らす必要があります。ですが、このように自動化を行うだけでは、使える表現や文法に限りが出てきてしまい、上達が途中で止まってしまいます。

　そうならないためにも、自動化された反応を意図的に破壊するという作業を行わないといけません。そして、このために非常に役に立つのが、書くことなのです。なぜかというと、話した端から言葉

が消えてしまう会話と異なり、作文の場合は、ゆっくり調べ物をしながら書くことができるので、自分の英語がどのように間違っているかをきちんと観察することが可能だからです。

　なので、会話力をつけるためにも、ぜひライティングを行うことにしましょう。心配しなくても、アプリやオーディオブックを使って文字と音のズレを埋める訓練をしていれば、後はライティング力を身につけるだけでかなり喋れるようになります。私自身、全くスピーキングの訓練をしなくても、文法や単語を学び、オーディブックを聞くのに加えて、メールをやりとりするだけで、スペイン語は喋れるようになりました。

　ですから、「ライティングの勉強をしても意味がないんじゃないか？」という恐れは捨ててしまいましょう。7章で述べる会話の勉強を平行して行えば、必ず英語は話せるようになります。

アウトプット力をつける

パターンを自遊自由に使いこなす
音読・口頭英作文

身につけたパターンを崩す
ライティング

目的別に使いこなそう

Twitterでライティングを勉強しよう

　では、アウトプットの力をつけるためにはどのような勉強を行えばいいのでしょうか？　まず、1つ考えられるのは、英語で手帳や日記をつけるという学習方法です。『英語で手帳をつけてみる』や『英語で日記を書いてみる』(ともにベレ出版)という本が出ていることからも分かるように、日記や手帳を英語でつけるというのは、昔から人気のある勉強法です。まずはこの辺りから試してみるのもいいでしょう。

　もっとも、こうした学習はどうしても自己完結的になってしまうので、人によっては物足りなく思う人もいるでしょう。「英語を使ってコミュニケーションが取りたい」、そう思う人は、是非Twitterを試してみてください。もちろん、Twitterじゃなくて、メールを頻繁にやりとりするネイティブなどがいれば、それでかまわないのですが、日本に住んでいると、ネイティブが周りにいない環境の方が多いでしょう。そういうときはTwitterの出番です。

　「でも周りにTwitterをしてる人がいない、またはいても日本語で呟(つぶや)いているだけだから、勉強にならない」と感じる人もいるかも知れません。ですが、これは杞憂(きゆう)に過ぎません。Twitterを使っている人であればご存じの通り、Twitterは使っているうちに自然に知り合いができていくものですし、Twitterをやっている英語の先生とフォローし合えば、英語を使う知り合いは確実に増えていきます。

　ですから、こうした心配をするのはやめて、とにかく英語でのTwitterに挑戦してみましょう。といっても、いきなり英語でつぶやいたら、今いるフォロワーにびっくりされないかという人もいるでしょう。こういう人は、英語でつぶやくための専用アカウントを取り、それで新たに英語でのTwitterを始めるといいでしょう。

英語でTwitter

英語でつぶやくために

　こうやって、英語でつぶやくためのアカウントをとっても、実際につぶやこうとすると、何を書いていいか分からないという人もいます。そんな場合は『Twitter 英語術』（実業之日本社）や『今日から英語で Twitter』（語研）のような、Twitter を英語学習に使うための本を利用して、自分が言いたいことは英語で何というのかを調べるといいでしょう？

　そういうと、「フレーズを写したりして、勉強になるのか？」という人もいるかも知れません。ですが、これでも十分に勉強になります。なぜかというと、こうした作業を行うことで、意味と形が結びつき、次第に使える英語に近づいていくからです。誤解している人が多いですが、例え単語の意味と形を覚えていても、その単語が自分の使いたい日本語の語彙と結びついていなければ、その表現を使うことはできません。

　例えば、英語で「つきあう」というのは、I'm seeing John.「ジョンとつきあっている」のように、see の進行形を使って表現することができます（ほかにも、go out with で「つきあう」という意味になります）。恐らくほとんどの人は、see という動詞そのものは知っていても、日本語の「つきあう」という単語と、see を結びつけてはいません。そのため、「つきあう」と英語で言おうとすると、see という英語を知っているにもかかわらず、「なんていうんだっけ？」と悩んでしまうのです。

　このように、英語を使うためには、単語や文法についての知識を持っているだけでなく、「それをどういう場所で使うか？」という使い方についての知識を持っていないといけないのですが、こうした知識はただ単にインプットをしているだけの時よりも、アウトプットをして「あれ、これなんていうんだろう？」という経験をしているときの方が身につきやすいのです。

　ですから、Twitter 本を利用して英語を調べるのを躊躇するのはやめましょう。なお、先ほど述べたように、英語の先生の中には、Twitter のアカウントを持っていて、そこで英語でツイートをされ

ている方もいます。こうした人たちに英語で話しかけると、気軽に英語で話しかけてくれるので、1人で英語をツイートしてもつまらないという方は、下で紹介するアカウントに英語でツイートしてみてはいかがでしょう。英語でツイートしている知り合いもできるはずです。

@y_hareyama
『Twitter 英語術』の著者。英語学習に役立つ内容のツイートが多い。
@erikosekiya
著書『ビジネスパーソンの英単語帳』に掲載されている英単語を使った作文トレーニングなどを行っている。作文に対し英語で返事をすると、添削をしてくれたりもするので、自分の使っている英語が正しいか知りたい人におすすめ。ハッシュタグは #eitangocho。
@mayumi_ishiara
『Twitter で英語をつぶやいてみる』の著者。つぶやきがほぼ英語なので、読んでいるだけでも勉強になる。

何をつぶやいていいかわからない人は

　自分の日常をつぶやく以外の Twitter の使い方としておすすめなのは、他人の書いた英語をつぶやくことです。この時つぶやくのは、洋画のセリフや、洋楽の歌詞、そして英語の名言など何でもかまいません。自分が気に入った英語や、好きな英語の表現をとにかくつぶやいてみましょう。

　こうした練習を行う目的、それは自分が使える表現の幅を更に広げることです。先ほどから述べているように、英語でつぶやくことで、単にインプットをしているだけの時よりも、さらに深い気づきを得ることができます。ですが、自分の日常だけをつぶやいていると、どうしても使う語彙や文法に限りが出てしまうので、人の英語をつぶやくことで、さらに広い分野において気づきを得られるようにするのです。

　こうした練習を行うためには、『人生が変わる英語の名言』(青春出版社)や『人生を豊かにする英語の名言』(研究社)のような本を買って、自分の気に入った名言や諺をつぶやくようにするといいでしょう。また、仕事に英語を生かしたいという人は、『英会話ペラペラビジネス 100』(アルク)のようなビジネス英語でよく使う表現を集めた本の中から、自分が気に入った表現をつぶやくのもいいでしょう。

　ところで、よく「実用的な英語力を身につけるためには、会話の練習をしないと」といいますが、実際に仕事で英語を使うのは、ほとんどメールのはずです。私自身、語学書を作成したり、翻訳を行ったりする上で様々なネイティブと付き合いがありますが、ほとんどはメールでのやりとりです。このように、本当の意味でのビジネス英語は実はメールがメインなのです。なので、Twitter を利用して、メールを書く力を身につけてみてはいかがでしょう？

　ところで、読者の中には「こんな英語をいきなりつぶやいて、迷惑じゃないか？」と思いますが、その場合は日本語訳や単語の解説などを付けると、他の英語学習者の役に立つので、喜ばれるでしょう。ついでに、引用した本の名前もつけるようにすると、著者にも喜ばれます。

何をつぶやいていいかわからない人は、この3冊を写すことから始めよう。

Twitter 体験談　その1

　具体的な Twitter の使い方ですが、外国語のツイートに関しては私は主にスペイン語でつぶやき、たまにフランス語を混ぜています。最初は韓国語やポルトガル語でもつぶやいていたのですが、韓国語は難しくて挫折してしまいました。また、ポルトガル語は辞書が iPhone 上にあるので、辞書を調べてながら iPhone 上のツイッターアプリに打ち込むのが面倒くさくて、結局挫折してしまいました。

　この経験から思ったのは、やはり一言も思いつかない言葉を Twitter でアウトプットするのは大変だということです。韓国語は 2002 年だか 2003 年だかに 4 週間ほど大学の研修で大邱大学でタダで(！)授業を受けたことがあったのですが、その後勉強していなかったので、すっかり忘れてしまいました。このように、文章を思い浮かべることもできないレベルだと、やはり iPhone を使ったアウトプット学習は難しいかと思います。

　ただ、ある程度文章が浮かぶのであれば、辞書を調べながらでもツイートは可能だと思います。ポルトガル語のときにそう感じました。私の場合、フランス語とスペイン語ができるので、ポルトガル語もなんとなく文章は頭に思い浮かびます。ただ、それは「適当な」ポルトガル語なので、それを辞書を調べてきちんとしたポルトガル語にしていくわけですが、その過程であやふやな点を確認することが必要になり、結果きちんとした文法を意識することができました。

　前まではパソコンが古すぎてパソコンではツイートできなかったのですが、現在新しいパソコンに変えたので、これを機に再びポルトガル語でのツイートに挑戦しようかと思っています。

Twitterは Safari を使ってもできるが、アプリを使った方がやりやすい

AppStore で Twitter を検索したらいろいろなアプリが出てくるが、無料の公式アプリで十分だ

Twitter体験談　その2

　Twitterでつぶやく内容ですが、これは大体適当で、仕事が終わったとか、こんどこんな本書きたいとか、そんなことを気の向くままに書いています。ただ、そうはいっても、やはり実際につぶやこうとすると結構簡単なことが出てこなかったりします。なので、そのあたりは辞書で調べて単語や文法、そしてスペリングの確認をしています。

　また、スペイン語を勉強している人もTwitter上にいるので、時折スペイン語で返事をもらったりしますし、今度スペイン語を勉強している人が集まってオフ会をすることになりました。こういうゆるい繋がりができるのは、Twitterの醍醐味だといえます。英語の勉強に興味がある人同士のオフ会や、外国語でカラオケを歌う会などもあったりするので、1人で勉強をしているだけじゃつまらないという方は、こうした集まりに参加してみるとさらにやる気が出てくるはずです。

　こんな感じで、Twitterに関しては英語の勉強をするというよりも、英語を使う機会を増やすためのツールとして気楽に取り組んでみるのがいいでしょう。1日1回や2回英語でつぶやくだけでも十分勉強になるし、なによりインプットメインのiPhoneでの英語学習において、アウトプット時の自分の英語力がどれくらいかというフィードバックを得るための非常にいい機会になります。

　なお、私は先ほど述べたようにわからないときは辞書を引くようにしていますが、このあたりはこだわらなくてもいいと思います。もちろん、辞書を使って正しい英語を調べることで英語力が上がることは事実ですが、調べなかったからといって別に英語学習に効果がないわけではありません。

　いろいろ書いてきましたが、とにかく大切なことは、継続的につぶやくことです。英語を使っているわけでは身につきにくい英語の知識があるのは事実ですが、日本のように英語を使う機会がない環境では、英語を使うことはそのまま英語力のアップにつながりやすいことも事実です。なので、とにかく英語でつぶやくことからはじめてみましょう。

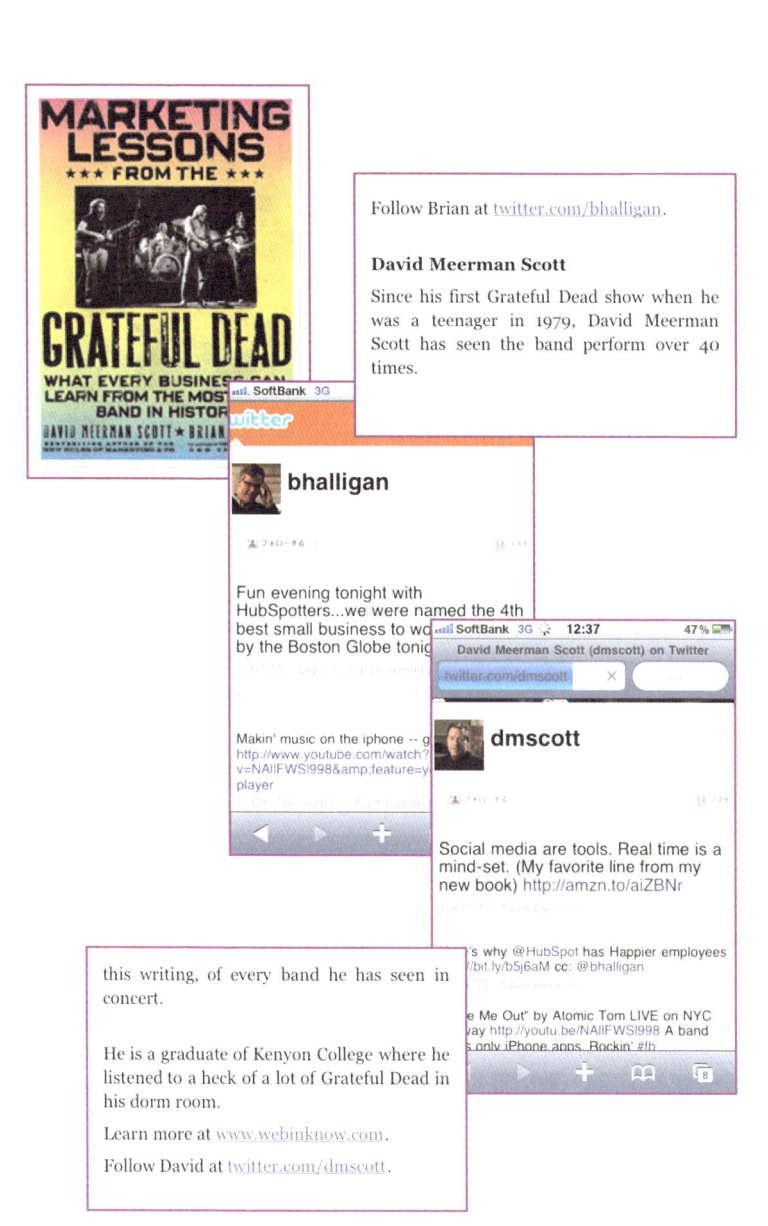

Follow Brian at twitter.com/bhalligan.

David Meerman Scott

Since his first Grateful Dead show when he was a teenager in 1979, David Meerman Scott has seen the band perform over 40 times.

Fun evening tonight with HubSpotters...we were named the 4th best small business to wo by the Boston Globe tonig

Makin' music on the iphone -- g
http://www.youtube.com/watch?v=NAIlFWSl998&feature=y player

David Meerman Scott (dmscott) on Twitter
twitter.com/dmscott

dmscott

Social media are tools. Real time is a mind-set. (My favorite line from my new book) http://amzn.to/aiZBNr

's why @HubSpot has Happier employees /bit.ly/b5j6aM cc: @bhalligan

e Me Out" by Atomic Tom LIVE on NYC ay http://youtu.be/NAIlFWSl998 A band only iPhone apps. Rockin' #fb

this writing, of every band he has seen in concert.

He is a graduate of Kenyon College where he listened to a heck of a lot of Grateful Dead in his dorm room.

Learn more at www.webinknow.com.

Follow David at twitter.com/dmscott.

電子書籍で公開されている洋書の中には、Twitter のアカウントが公開されているものも。筆者は、お気に入りの洋書 Marketting Lessons from the Grateful Dead を Kindle で読んでいて、そこから著者 Brian Halligan と David meerman Scott をフォローするようになった。

分野ごとに必要な英語力は違う

　今までiPhoneとiPadを使って全体的な英語力を伸ばす方法について説明してきましたが、これからは少し趣向を変えて、7章では会話力の伸ばし方、8章ではTOEIC対策という、分野別に英語力をどう伸ばすかについて説明していきたいと思います。

　ところで、なぜこのようなことを行うのでしょうか？　恐らく読者の方の中には、「真の英語力があれば、わざわざ分野別の勉強などしなくても、自然とできるようになるのではないか？」と考える人も多いでしょう。ですが、それは間違いです。もちろん、3単現のsや、はたまたbe動詞や冠詞のように、どんな分野の英語でも使われる基本的な文法や単語はあります。けれども、それを超えた分野になると、必要とされる力は大きく異なってきます。

　例えば、大学受験ではgeography（地理学）のような学問分野に関する単語は頻出の表現ですが、ビジネス英語の力を測るTOEICにはほとんど出てきません。逆に、TOEICで頻出のpersonnel department（人事部）やinvoice（請求書）という単語は、大学受験ではまず聞かれることはないでしょう。

　これは、文法や機能に関しても同様です。例えば、大学受験では、高度な読解力が聞かれますが、こうした高度な読解力があるからと言って、I'm telling you.「言っとくけどな」やYou know what？「あのさあ」のような、日常表現が自動的に理解できるわけではありません。また逆に、こうした口語表現を知っているからと言って、大学受験で必要な読解力が自動的に身につくわけではありません。

　このように、どう英語を使うかによって、必要とされる英語力は大きく異なります。

分野ごとのおすすめアプリ

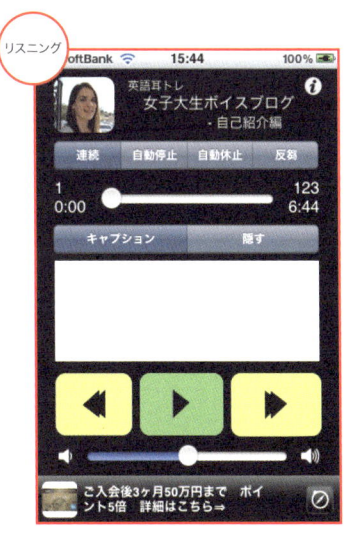

単語

会話

発音

リスニング

何のアプリからスタートすればいいかわからない人は、まずは上記の4つのうち自分が興味のあるものを選んでやってみよう。

いらない英語は捨ててしまおう

　とはいっても、iPhone や iPad を使って英語を勉強していれば、次第に様々な分野の英語力がついてきて、わざわざその分野に特化して勉強をしなくても、ある程度までならこなせるようになることは事実です。

　例えば、私は本書で書いてあるような勉強法を iPhone や iPad を買う前から iPod を使って行っていたのですが、その結果特に会話の練習をしなくても、スペイン語は喋れるようになりました。もちろん、まだまだおぼつかない点は多々ありますが、英語が苦手な人から見れば十分ペラペラと言えるレベルに私のスペイン語はあります。

　このことから、わかるように、わざわざ分野別の学習をしなくても、インプット重視の勉強を続けていれば、結果的にトータルな英語力はつきます。ですが、そのためには、長い時間がかかります。そして、本書の読者の中には、例えば仕事で英語を話す必要が出てきたとか、はたまた就活や転職のために短期間で TOEIC の点数を伸ばさないといけないという人もいるはずです。

　その場合は、自分に必要のない部分を捨ててしまい、代わりに興味がある分野を積極的に勉強するようにしましょう。心配しなくても、こうしてある分野を集中的に勉強することで、その分野で必要とされる英語力だけでなく、どの分野にも通用する基礎力が伸びるので、結果としては他の分野の勉強をするときにも楽になります。

　第 1 章で述べたように、iPhone と iPad を使った英語の勉強は、「どうやって勉強するか」という、戦術の分野においては自分から効率を落とすことを旨としています。だからこそ、何を勉強するかという戦略レベルにおいては、逆に「必要ではない分野を勉強しない」ことによって、効率を上げた方がいいのです。

捨てる英語、拾う英語

効率的に学ぶためには必要のない分野を捨てないといけない。拙著『捨てる英語』シリーズでは、そのことについて重点的に述べた。自分が興味がある分野だけを重点的に学びたいという人は、是非読んでみてほしい。

アウトプットは必ずしも
アウトプットを引き起こさない

　ところで、先ほど述べたように、この何を勉強するかという面に関しては、まず7章で会話の勉強法を説明し、その後の8章でTOEICの勉強法を説明するのですが、なぜこのような順序になるのかというと、それはiPadやiPhoneを使った勉強法は基本的にインプット重視の学習なので、TOEICのようなインプット重視の試験とは相性がいいからです。

　ですから最初に、iPadやiPhoneを使った勉強法では実行の難しい、口頭でのアウトプットを伴う会話の勉強法を説明していくのです。さて、よく会話の勉強法というと、「日本の学校の勉強では、英文和訳のようなインプット重視でアウトプットする機会が少ないから、会話に代表されるアウトプットが上達しないのであり、アウトプットをする訓練をしていれば、勝手に会話は上達する」という意見が見られます。

　こうした考え方は、確かに一面では真実を表わしています。ですが、必ずしも100％正しいというわけではありません。6章で述べたように、日本の学校の勉強は実はインプット重視ではなく、アウトプット重視であるのに、日本人はアウトプット力が低いことからも「アウトプットの機会を増やす＝アウトプットの力が伸びる」ということではないとわかるでしょう。

Lyrica

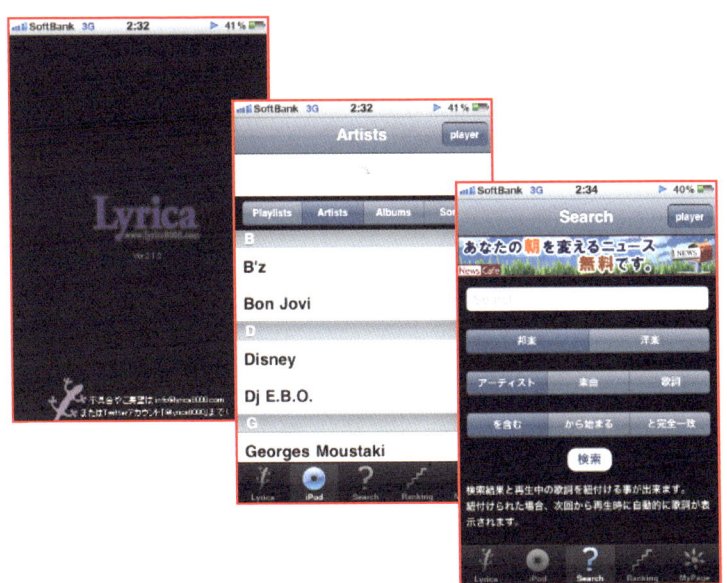

英語を学習する上で洋楽はとても効果的。と言っても、ただ聞いてるだけではしょうがない。やはり歌詞を理解する必要がある。そんな時に役立つのがリリカだ。iPodに入れてある曲の歌詞を簡単に検索することができる。曲を検索したら、後はこまめに歌詞をみてみよう。だんだん歌詞が身について来るはずだ。

英語で話すとはどういうことか？

　では、どうすれば会話力を上げることができるのでしょうか？そのためには、そもそも英語で話すとはどういう作業かを考えてみないと行けません。一般的に、英語を話すとは4つの段階に分けることができます。最初は空気を読むことで何を話すかを考える段階、次は話すことをどうやって英語に落とし込むかを決める段階、3つ目はそれを実際に英語の構文を使って表現する段階、最後に実際にそれを英語として口に出す段階です。

　これだけではよく分からないでしょうから、ここでくわしく説明していくと、最初の「空気を読む段階」とは、会話が行われている場でどのような話題が話されているかを理解し、その場にふさわしい発言を行う力です。言い換えれば、文脈を読む力とも言えるでしょう。

　次に、話すことをどうやって英語を落とし込むかを決める段階ですが、例えば「この本泣ける」という日本語を英語にする場合、When I read this book, I cried. のように、文章の主体を「わたし」と捉えることもできれば、This book made me cry. のように、「この本」を文章の主体にすることも可能です。このように、自分が言おうとする事柄をどのようにイメージするかで、どのような文法や構文が使われるかが決まってきます。ですから、英語を話せるようになるためには、自分が言いたい事柄を英語ではどうイメージするかということについても学ばないと行けません。

　次に第3段階ですが、ここで初めていわゆる文法や単語の知識が役に立ってきます。ただ、この段階についてのトレーニングをする上で確認しておかないといけないのは、処理容量により使える知識の量に制限がかかるので、例え知っていても使えない知識が存在するという事実です。例えば、これも既に述べましたが、三単現のsというのはかなり上級レベルに達するまで使うことができない知識です。ですから、単純に文法の勉強をしていれば、それで自然と文法が使えるようになるというのは、ナイーブすぎる考え方といえるでしょう。じゃあ、どうすればいいか？　これについては、後で

お話しします。

　最後に、頭の中で組み立てた英語を実際の音として口に出す段階ですが、これはなかなか実感できないかも知れません。ですが、実際には、頭の中にある英語を口に出すというのは、なかなか大変です。これは、英語が苦手な人に英語を音読してもらうと、正しい文章が眼前にあるにもかかわらず、間違って文章を読んでしまうことからもわかります。英語を口に出すというのは、私たちが思っているよりもずっと難しい作業なのです

　以上の説明から分かるように、英語で話せるようになるためには、この4つの段階を克服しないといけないのです。

会話の4段階

1 空気を読む
↓
2 話すことをどうやって英語に落としこむかを決める
↓
3 文法・単語を使って英語の文章を組み立てる
↓
4 頭の中で組み立てた英語を実際の音として口に出す

発音を学ぶ

　今「英語で話せるようになるためには4つの段階を克服しないといけない」と述べましたが、実はiPhoneとiPadで英語を学んでいる方は、4つ目の「頭の中で組み立てた英語を実際の音として口に出す段階」は比較的楽にクリアできます。というのは、文字と音のズレを楽に解消できるというのが、iPhoneとiPadの利点であるからです。

　日本人はどうしても文字から言葉を学ぶ傾向があるので、実際の音と自分がイメージする音の間にズレができてしまい、その結果文字を書くことはできても話そうとすると口から言葉が出てこないということになりがちです。けれども、iPhoneやiPadは、文字と音という異なる情報を**シームレス**に使うことを可能にしてくれました。ですから、アプリやオーディオブックなどを使って勉強していれば、この点に関してはある程度までは自然とクリアできるのです。

　そうはいっても、英語の音体系は日本語と異なるので、ただ聞いているだけではマスターできない点があるのも事実です。ですから、iPhoneやiPadで身につけた文字と音を一致させる能力を有効に活用するためにも、5章で触れた、『絶対『英語の耳』になる！リスニング50のルール』(三修社)や、『知ってる英語なのになぜ聞き取れない？』(ナツメ社)といった、英語の音を説明した本を使うようにしましょう。

　なお、こうした英語の音について学ぶときに気をつけて欲しいことがあります。それは、音というのは、発音するよりも聞き分ける方がむずかしいということです。というと、不思議に思う方もいるでしょう。ですが、例えばほとんどの日本人はカンという時のンの音と、カンナというときのンの音を発音し分けていますが、この2つを聞き分けている人はほとんどいないでしょう。

　このことからわかるように、必ずしも発音仕分けることができるからと行って、聞き分けることができるわけではないのです。これは英語の音でも同じで、例えばlとrの発音の区別は発音に関する本を読めばものの数分でできるようになりますが、聞き分けにはか

iはつおん

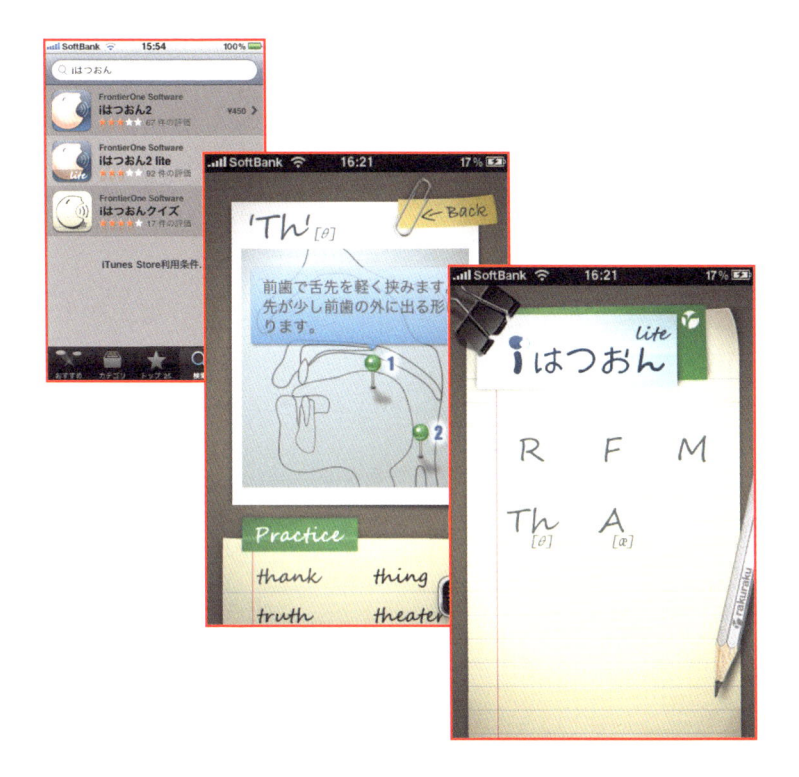

発音関係のアプリでは、今の所「iはつおん」が使いやすい。

なりの時間がかかります。

　ですが、ほとんどの人はこの点を誤解しています。そのため、発音の練習をしていても、自分でその発音ができているかどうか聞き分けられないから、途中で諦めてしまうのです。そうならないためにも、変な話ですが、発音の練習をしているときに、発音を気にしすぎるのは止めましょう。

　とりあえずは、本に書いているとおりの口の形になっていれば、それでオッケーです。

英語で「空気を読む」力を学ぶ

　次に、第1段階である「空気を読む力」に関しては、映画やドラマのDVDを見るのが一番です。ところで、今「空気を読む」と述べましたが、中には「英語を話す人は空気を読まないんじゃないの？」と思う人もいるでしょう。ですが、それは誤解です。確かに英語圏の人は日本人に比べるとストレートな物言いをしますが、実際には彼らには彼らなりの空気の読み方があります。そうしたルールを学ぶのに最適なのが、ドラマや映画です。ドラマや映画を見ていると、英語を話す人も実際にはかなり空気を読んで話しているのが分かるでしょう。

　また、ドラマでは先ほど述べた口語体の文法も学ぶことができます。これはドラマを教材に使う上での大きな利点です。ですから、皆さんも英語が話せるようになりたいという場合は、ぜひドラマを勉強に導入するようにしてください。

　こうしたドラマや映画を使った勉強を行うときに大切なこと、それはどこかで英語字幕を見るプロセスを入れることです。なぜかというと、英語字幕を見ないでただ英語を聞いているだけだと、わからないところがそのままになってしまい、「気づき」を得ることができないからです。「これなんだろう？」と感じたところを英語字幕で確認し、そこで気づきを得るからこそ、英語力が上がるのだということを忘れないでください。

　細かい学習方法に関しては、すでに紹介した『捨てる英語勉強法リスニング編』（三修社）で詳しく説明しているので、興味がある方はこちらを参考にしてください。それ以外には、『シットコムで笑え！』（NTT出版）という本もあります。ちなみの、この本の著者の南谷さんは、『シットコムで笑え』というブログでも、勉強法や英語表現の解説をしているので、手始めにこのブログを読んでみるのもいいでしょう（Yahoo!やGoogleで「シットコムで笑え」で検索すると、簡単にサイトが見つかります）。

シットコムで笑え

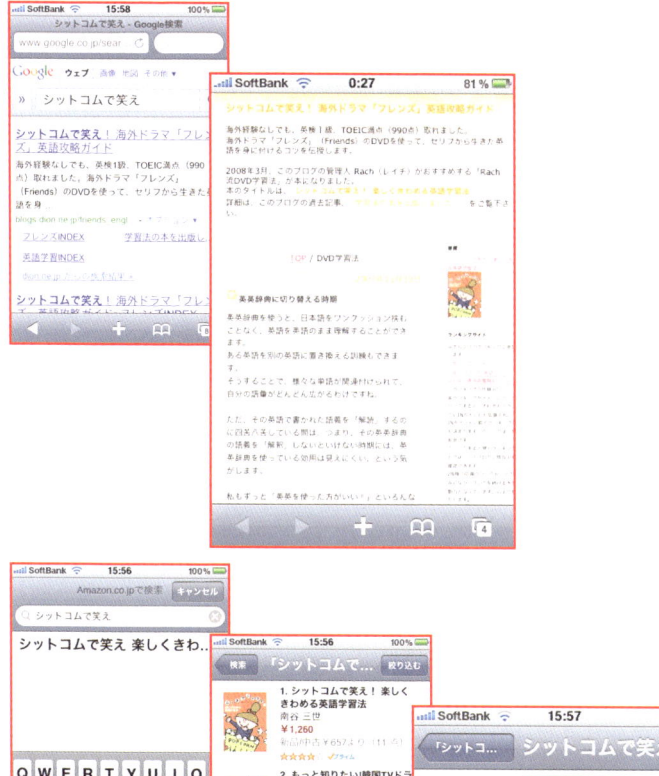

日本語を英語にする訓練は役に立つ

　次に、第2段階である、「英語に話すことをどうやって英語に落とし込むかを決める段階」ですが、そのための学習法は2つあります。
　1つは、英語に量を増やすことで、英語の発想法そのものを学ぶことです。そのための方法論ですが、これに関しては今までのページで説明してきたことなので、今更言葉を尽くす必要もないでしょう。2つめの方法ですが、これは「日本語を英語に訳す」訓練をすることで、日本語と英語の間にある発想の違いを意識する方法です。
　ところで、こうして「日本語を英語に訳す」というと、「そんなことをしていいのか？」と思われる方もいるかも知れません。というのは、よく英語を喋れるようになるためには、英語で発想しろといわれるからです。
　ですが、iPhoneとiPadを使って偶発的な勉強を取り入れている限り、そうした心配は杞憂に過ぎません。それどころか、こうした翻訳の訓練を取り入れ、日本語と英語の発想の違いを意図的に学ぶようにすることで、iPhoneとiPadで身につけた英語力をより効果的にアウトプットに使うことができるようになります。
　言葉を学ぶというのは、反射的な習慣を作りあげるという行為と、さらに精緻化された動きを可能にするために、そうして作りあげた習慣を壊すという相反する2つの行為から成り立っています。そして、この「作りあげた習慣を壊す」という行為に相当するのが、日本語と英語の翻訳訓練なのであり、こうした訓練を取り入れることで逆に、settle downの日本語である「落ち着く」を見て、I tried to settle down my heart.と訳すような直訳を避けることができるようになるのです（これは私が教えている生徒の実際のミスです。settle downは「定住する」というニュアンスで、日本語の「（心が）落ち着く」に近いのは、calm downやrelaxです。なので、I tried to calm down.やI tried to relax.のようにいうのが普通でしょう）。
　ですから、iPhoneとiPadで英語を学んでいる限りは、翻訳をしているから喋れなくなるのではという恐れを抱く必要はないのです。

Real英会話／スティーブの英会話8秒エクササイズ

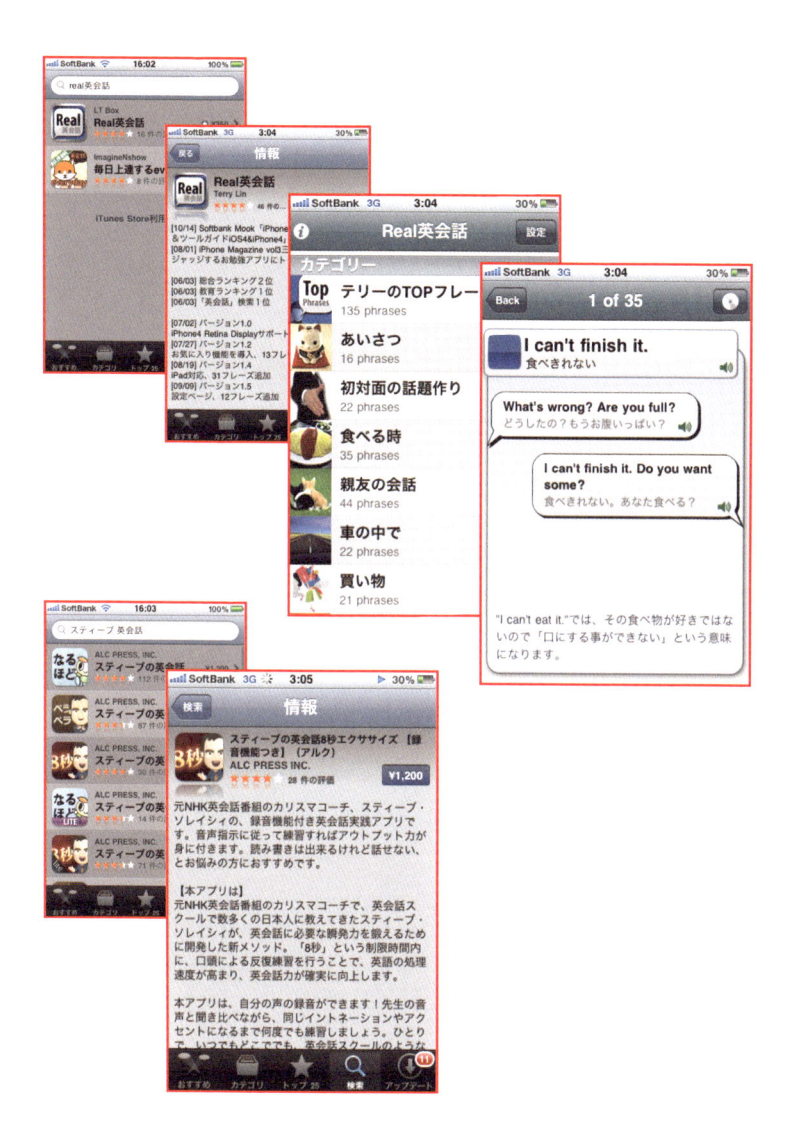

反射的な習慣を作り上げるうえでは、「リアル英会話」が役に立つ。会話で使われるくだけた表現を取り上げ、その表現をダイアログの中で学んで行く。音声がついているので、会話に活かしやすい。「スティーブの英会話シリーズ」も会話で使う表現を学ぶには適しているが、値段が1,200円と少し割高。

「翻訳」訓練と会話になれる練習を平行して行おう

　では、どのように「翻訳」を英語の勉強に取り入れればいいのでしょうか？　そのためにおすすめなのが、『同時通訳が頭の中で一瞬でやっている英訳術リプロセシング』(三修社)という本です。この本は、通訳者として活躍されている著者が、ビジネスの場で使う英語にしにくい日本語をどうやって英語にするかを、段階を追って説明していくという本ですが、この本を読むとどうやって英語でイメージするか、並びに自分が持っている知識をどう使うかということが具体的に理解できるようになるでしょう。

　また、拙著である『英会話をなんとかしたい人の捨てる英語勉強法』(三修社)の第2部には、会話でよく使われる決まり文句約300を集めていますが、ここでもやはり日本語をどう英語で発想するかというヒントが与えられているので、英語の発想を学ぶと共に、会話独自の文体を身につける上でも役に立ちます。なので、是非参考にしてください。

　ところで、今「会話独自の文体」ということを述べましたが、実は話し言葉の英語と、書き言葉の英語では、文体が違います。なぜかというと、第1章で述べたように、英語を使うためには**意味、形、機能**の3つを同時に処理しないといけませんが、目の前の相手と瞬時に考えをやりとりしなければいけない会話では、文章を推敲している余裕がないため、どうしても定型文を使う割合が書き言葉よりも多くなるからです。

　日本では、英会話とは口頭で行う即興英作文であり、高速で英作文ができるようになれば会話はできるという考えがあります。ですが、会話の上達とはそれだけではありません。実は、英語で話せるようになるためには、こうした英作文の能力に加えて、会話で頻繁に使われる定型文を使いこなす必要があるのです。

　そして、こうした能力を短期間で身につけるためには、やはり会話に多く触れるのが一番です。といっても、日本で会話をする機会を多く持つのは難しいと思うので、先ほど述べたDVDを使った勉強を取り込むようにしてください。それ以外では『知られざる英会

話のスキル20』(DHC)も、会話でよく使われる定型文を学ぶ上で役に立ちます。

会話で役立つ文法力を学ぶ

　次に第3段階ですが、ここで初めていわゆる文法や単語の知識が役に立ってきます。この段階についてのトレーニングをする上で確認しておかないといけないのは、処理容量により使える知識の量に制限がかかるので、例え知っていても使えない知識が存在するという事実です。例えば、これも既に述べましたが、三単現のsというのはかなり上級レベルに達するまで使うことができない知識です。

　ですから、単純に文法の勉強をしていれば、それで自然と文法が使えるようになるというのは、ナイーブすぎる考え方といえるでしょう。文法を学ぶのはあくまで「気づき」を得るためであり、勉強した翌日からその文法がいきなり使えるようになることはないのです。

具体的な文法の勉強法ですが、これは2つあります。1つは、大学受験やTOEICの試験対策に代表されるような、抽象的に文法能力だけをテストする問題を通して文法を学ぶやり方です。もう1つは、例えばビジネスであればビジネスの場面で使う決まり文句を取り上げながら、なぜその場面でそうした表現をするのかということを、個別に説明していく学び方です。

　基本的には、この2つを組み合わせながら学んでいくのがいいでしょう。というのも、前者のやり方では体系的な文法の知識はついても、実際に英語を使う場でどのように活用するかを学ぶことはできませんし、逆に後者のやり方では全体的な理解が欠けてしまいがちになるので、ある場面で使えてもその知識を他の場面で応用することができないことがあるからです。

　具体的な方法ですが、前者に関してはわざわざ詳しく述べる必要はないでしょう。TOEICを受ける方は、TOEIC本のなかから自分が使いやすいものを選び、それを使ってください。また、資格試験に関心がないという方は、『マーフィーのケンブリッジ英文法』(Cambridge University Press)のような外国で編集された参考書でもいいでしょう。こうした参考書は、文法を抽象的に説明する大学受験や資格試験の参考書に比べて、コミュニケーションの上文法が

どのような働きを持つかということを重点的に説明しているので、得た知識をそのままアウトプットに使いやすいと言えます。

　それに対し後者ですが、こうしたコミュニケーションの個々の場面を切り取り、そこで文法的な解説を加えている本というのは、今のところなかなか見つかりません。とりあえずは、『即戦力がつくビジネス英会話』(DHC)という本を薦めておきます。これはビジネスの場に限定されているのですが、なぜどうしてそこでそのようにいうのかということを、非常に詳しく説明しているので、ビジネス会話ができるようになりたい人にはおすすめです。また、TOEICに頻出する表現も収録されているので、英語力をつけながらTOEIC対策をしたいという人にいいでしょう。

アウトプットでしか得られないものがある

　さて、慧眼の皆さんであれば、既にお気づきの通り、今まで述べてきた勉強法は、主にスピーキング力をつけるためのインプットの方法であり、具体的なスピーキングの練習法ではありません。なぜこのようなことを書いてきたかというと、スピーキングというアウトプットの力をつけるためだとしても、まずはそのために必要な力をインプットで補うのが最重要だからです。

　もっとも、だからといって、じゃあ全くアウトプットの練習を行わないでいいのかというとそれは違います。なぜかというと、アウトプットでしか得られない気づきがあるからです。

　それは、フランス語をフランス語だけで習うイマージョンという学習形式でフランス語を学んだカナダの学生たちの語学力の観察から証明されています。このイマージョンという方式は、それまでの訳読形式が思ったような効果を上げないことから考案された授業形態であり、この手法でフランス語を学んだ生徒は旧弊の方式でフランス語を学んだ学生よりも優れたフランス語の知識並びに運用能力を身につけたのですが、より詳細にその後学力を検証してみると、インプット能力はネイティブと比べても見劣りしないのに対し、アウトプットの力は数段劣ることが発見されました。

　なぜこのような現象が観察されたかについて研究を行ったのですが、その結果アウトプットを行うことによって、インプットをしているだけでは得られない「気づき」が得られるが、イマージョンの生徒にはそうしたアウトプットの機会が不足していたため、期待されたほどにはフランス語力が伸びなかったとの仮説が得られました。

　「キク★英単語」は dog→犬のように日本語と英語が1対1で対応しているので、知らない単語を覚えるだけでなく、既に知っている単語の発音を確認するのにも適しています。audiobook を聞いていて難しいと感じる人は、自分のレベルより1つ下の「キク★英単語」を使って、既に知っている単語の発音を確認することから始めていこう。それだけでも理解度は上げられる。

キク★英単語

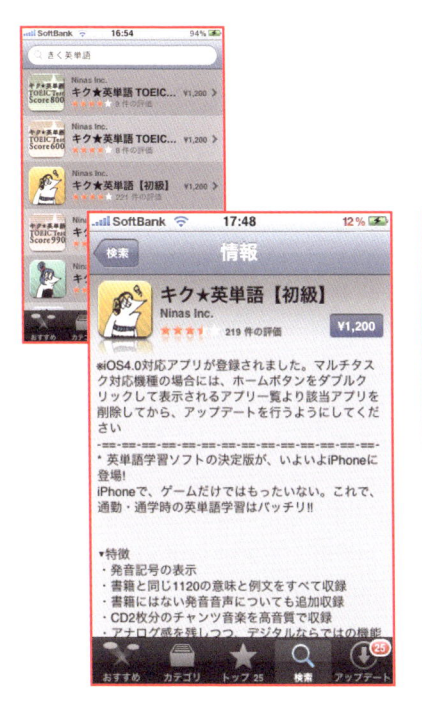

英単語と日本語が1対1で対応している「キク★英単語」であれば、聞いているだけでも自然と単語が身についてくる。また、通常の単語帳と異なり耳からインプットするので、覚えた単語をそのままリスニングの場面で生かしやすい。iPhoneで英語を勉強している人は、「キク★英単語」を活用するようにしよう。

017
アウトプットがより深い気づきを引き起こす

　では、なぜアウトプットをすると、インプットをしているだけでは得られない「気づき」が得られるのでしょうか？　それは、自分で文章を作り出さなければいけないアウトプットをすることで、自分が学ぼうとする言葉のより深い知識を使う必要が出てくるからです。

　例えば、オランダ語では「私の名前は大輔です」というのは、Mijn naam is Daisuke. となるのですが、これを見れば恐らくオランダ語の文法知識が全くなくても、My name is Daisuke. の連想から意味が理解できると思いますし、「マイ　ナーム　イズ　ダイスケ」という発音を聞いても、やはり意味は理解できるでしょう。

　ですが、「私の名前は大輔です」というのをオランダ語で言おうとすると、これは途端に大変になります。そもそも、「私の名前は」という日本語は、Mijn naam is というオランダ語で表すという、日本語の意味とオランダ語の表現形式の結びつきがないと、オランダ語は出てきません。また、発音は英語と似ているから簡単に処理できても、これを書こうとすると mijn や naam という綴りを覚えてないといけません。

　このように、アウトプットをすると、インプットをしていただけでは気づかない、「自分の知識の至らなさ」に直面することになり、その結果様々な「気づき」が得られるのです。ですから、やはりアウトプットの練習は行う必要があります。

　ただ、だからといってアウトプットばかりしていると、大学受験のように結局全てが暗記になってしまうので、1：4や1：9ぐらいの割合でアウトプットを取り込むようにしましょう。

iTunes U／Thesaurus

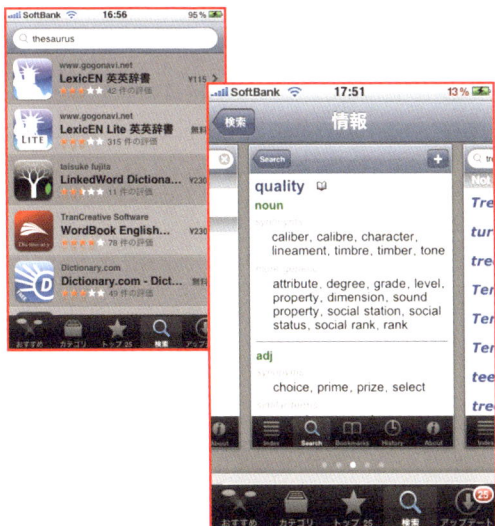

上級者の場合、iTunes U も会話力を伸ばすのに使える。日本だと、会話体の英語に接する機会がないので、iTunes U はネイティブが普通に話すのになれるのにちょうどよい。

どんなアウトプットを行うか？

　では、具体的にどんなアウトプットを行うかですが、無理に「英会話」を行う必要はありません。なぜかというと、音声と文字を**シームレス**に扱えるという特徴を持つiPhoneやiPadを使えば、書く英語の能力を話す英語の能力に変換できるからです。ですから、周りに英語を話す人がいないという場合は、メールを書いたり、日記をつけたり、はたまた今であればiPhoneでつぶやいたりといった、書く系の勉強を主流にしつつ、＋αで、書いた内容を音読したり、自分が書いた文章を紙を見ずに口頭で再現してみるといった話す系の勉強を行うようにするといいでしょう。というか、これで十分です。私もこの程度の勉強しかしませんでしたが、十分スペイン語は話せるようになりました。

　なお、6章で述べたように、その過程では、自分が言いたい表現を英語で何というか辞書で調べたり、はたまたあやふやな文法があったらそれを参考書で確認したりするようにしましょう。そうすることで、自分の使える英語がよりきめ細やかなものになり、口頭での表現力が上がっていきます。

　そういうと、「話す練習なんだから、話す訓練をしなくていいのか？」と思われる方もいるかも知れません。ですが、先ほどから述べているように、iPhoneとiPadの利点である、音と文字を**シームレス**に扱えるという点を活かせば、わざわざ話す訓練をしなくても、言葉はある程度勝手に口から出てくるようになるので、無理に会話の訓練をする必要はありません。ですから、無理に話す練習をするよりは、書く訓練をして、出てくるようになった言葉をより精緻なものにしていく方が、訓練としては効果的ですし、そこで書いた英文を読むようにしておけば、口慣らしとしては十分です。なお、その場合は、『英語らしい発音は、音読でこそ身につく』（アスク）のような本を読んで、音読を行うために必要となる英語音声知識の基礎を身につけておいた方が、音読がより効果的に行えるのはいうまでもないでしょう。

　ところで、先ほど、英語を学ぶのには、言葉を反射的に扱えるよ

うになる練習と、そこで身につけた反射的な動作を壊していくことで、より精緻な動作ができるようになる練習の両方が必要だと述べましたが、iPhoneを使ったインプットで反射的な動作を身につけ、書く作業でその動作を壊していくという風に分けていくと、話し言葉の練習がしやすいのではと思います。リスニングもそうですが、スピーキングに関しても、練習ごとの役割を分けてしまった方が、学習を行いやすいと個人的には思います。

　以上で、スピーキングの練習方法に対する説明は終わりです。次は、TOEICの勉強法を見ていきましょう。

なぜTOEIC対策を行うか？

　7章では、iPhoneとiPadを使った勉強法をどのようにTOEICに応用していくかを説明していくのですが、実は6章で説明した会話に比べるとTOEICはiPhoneやiPadを利用した勉強は相性がいいので、特別な勉強をしなくてもある程度点数は勝手に伸びます。なぜかというと、TOEICはリスニングとリーディングというインプット力のみを測定する、インプット重視の試験だからです。なので、特別なTOEIC対策を行わなくても、iPhoneやiPadを使って勉強していれば、自然と結果はついてきます。

　ですが、この方法だと点数が伸びるのには一定の時間がかかります。それは、こうした学習法は必ずしもTOEICが測定しようとする能力を伸ばすことに特化した学習法ではないからです。ですから、最初のうちは、英語力が伸びたけれども、それが点数に反映されないということが往々にして起こりうるのです。

　もっとも、時間がかかると言っても、その差はせいぜい1年や2年ぐらいでしょうから、特に気にしないで勉強を続けていて、その結果気がついたらTOEICで高得点がとれていたということになっても、それはそれで問題はないわけです。私自身もそうでした。

　ただ、本書の読者の方の中には、就活だったり、昇進だったり、はたまた転職だったりと、様々な理由から短期間でTOEICの点数を上げないといけないという方もいるでしょう。

　その場合、こうした「英語力がつけば、その結果TOEICの点数も上がる」という方法だと、少し遅すぎるかも知れません。そうした方のために、第7章では、できるだけTOEICが測定している英語力に近い英語力を身につける方法、及び今まで身につけた英語力をTOEICで測定している英語力に近づけるための学習方法を説明していこうと思います。

　本章の趣旨がご了承いただけたでしょうか？　それでは、さっそく具体的なTOEICの勉強法の説明に進んでいきましょう。

英語耳トレ 女子大生ボイスブログ

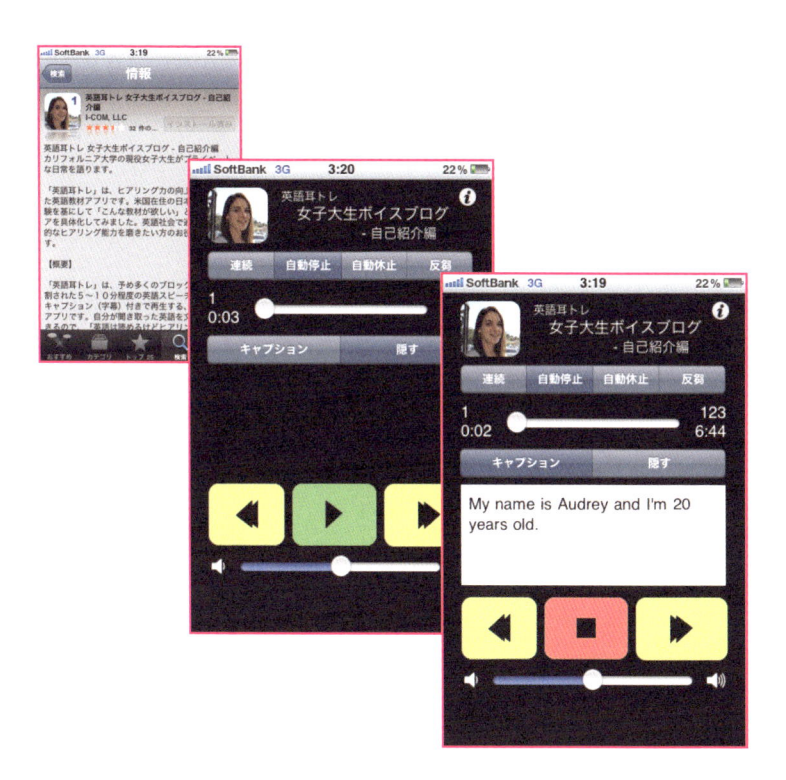

「英語耳トレ 女子大生ボイスブログ」は、名前こそ何だかよこしまな感じだが、リスニング力をつけたい英語学習者にはおすすめのアプリ。内容は、カリフォルニア大学の女子大生のトークに合わせて、字幕が出てくるという非常にシンプルなもの。しかし、iPhoneの文字と音声を同時に使えるという利点を活かせるという点では、非常に優れたアプリ。なお、字幕は消す事も可能。現地の女子大生を使ってるだけあって、プロのナレーターが朗読するTOEICとは違う生の発音が聞ける。

テストは完璧ではない

　先ほど述べたように、iPhoneやiPadで身につく学習法と、TOEICで測定される学習法には共通点が多いです。なので、普通に勉強をしていると、「いつも勉強しているから、これでいいか」と思い、ついついTOEICで必要とされる英語力をつけるということをおろそかにしがちです。そうならないためにも、まずはTOEICがどのようなテストなのかを理解してもらうことから始めてもらいましょう。

　そのために一番に理解して欲しいこと、それはテストは人が作ったものであるということです。別のいい方をすれば、テストは不完全なものということです。多くの方はテストとは完璧なものであり、あるテストで高得点をとれば、全ての分野で高い英語力が保証されていると考えがちです。だからこそ、例えばTOEICで高得点をとっても英語が話せない人がいると聞くと、「それはおかしい」というような反応を示すのでしょう。

　ですが、TOEICに限らず、全てのテストは人に作られたものです。なので、どのテストも完璧ではあり得ません。テストというのは、作成者が意図した英語力を測定することを目的としてデザインされています。そのため、他の分野で高い英語力があっても、測定されている分野における英語力がなければ、他の分野における高い英語力はスコアに反映されませんし、また逆にあるテストで高い点数がとれたとしても、その受験生はそのテストが測定している以外の分野でも高い英語力を備えているということは保証されていません。

　つまり、テストが測定しているのはあくまで測定分野における英語力だけであり、また測定方法によりテストのスコアは大きく異なってくるのです。まずは、このことをきちんと意識してください。

ビジネス英語雑記帳

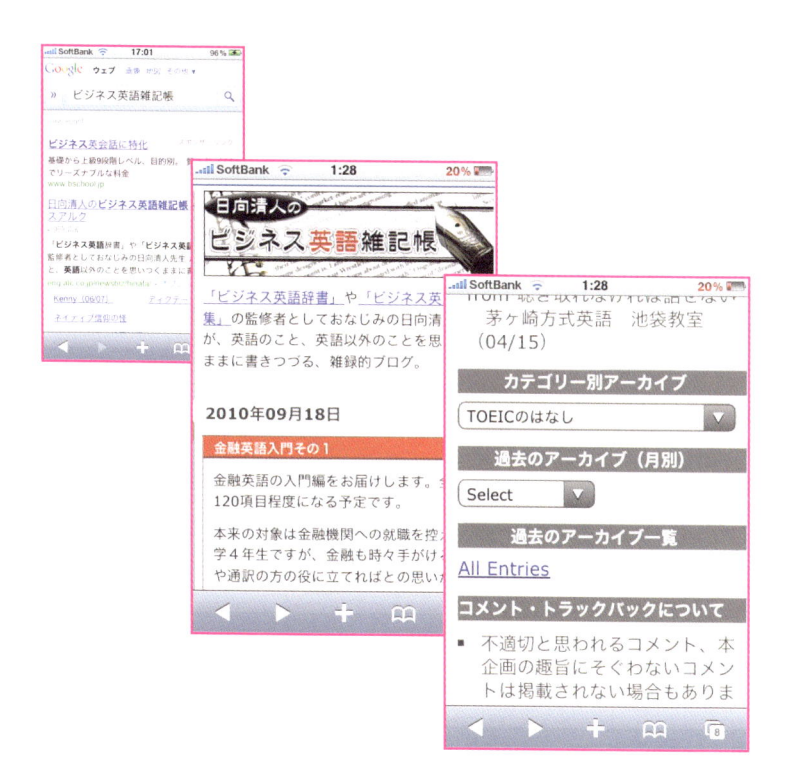

TOEICに関しては、先ほど紹介した『知られざる英会話のスキル』の著書、日向清人さんのブログ雑記帳に詳しい。カテゴリー別アーカイブの「TOEICのはなし」を選ぶと、TOEIC関連の記事が読める。

TOEICの特性を理解しよう

　では、TOEICとはどんなテストなのでしょうか？
　どのような分野を測定しているかということからいえば、TOEICで測定しているのは、主にビジネス分野の英語ということになります。もちろん、ビジネスの知識など全くない大学生の私でも、TOEICで900点をとれたことを考えると、必ずしもビジネスの知識が無くても、英語全般の知識があれば、TOEICで高得点がとれることが分かります。
　なので、2年や3年かけてTOEICの点数を伸ばすというのが目的であれば、わざわざTOEICの勉強をしなくてもいいわけです。ですが、短期間でTOEICで高得点をたたき出したいのであれば、TOEICで測定されているビジネス英語の分野を優先的に学ぶ必要があるのです。
　次に、測定方法ですが、リーディングやリスニングといったインプットで情報を処理し、それをマークシートで解答するという方法をとっています。このことから何が分かるかというと、アウトプットをする能力が無くても、情報を処理する能力があれば、それで十分な点数がとれるということです。
　ところで、今いった情報処理という能力ですが、これはTOEICを考える上で非常に重要になってきます。というのは、一度でもTOEICを解いたことがある人なら分かるように、TOEICは大学受験や英検と比べると問題数が非常に多いからです。いい換えれば、処理しなければいけない英語の量が、格段に多いということです。
　これが何を意味しているかというと、ETS(TOEICの問題を作成している組織です)は、平均的な学習者が処理できない量の英文を出題しているということです。ということは英文を処理する力を上げるだけでいい大学受験や英検と異なり、TOEICでは英文を処理する力を上げることと同じくらい、必要のない英文を処理しない力が大切になってくるということです。
　これが、TOEICが英語力と同じくらい、情報処理力が大切になってくるといわれるゆえんです。

IT自分戦略研究所

IT自分戦略研究所の「TOEICのスコアアップに必要なのは読解力だ」という回にも、TOEICにおける問題処理能力の重要性が述べられている。興味がある人は、「IT自分戦略研究所 TOEIC 加山」で検索して、出てくる記事を読んでほしい。

TOEIC力を身につける

　では、このような性質を持つTOEICを攻略するためには、どうすればいいのでしょうか？　そのためにはTOEIC力、つまりETSC TOEIC（作成団体です）側が測定しようとしている力を重点的に伸ばす必要があります。既に述べたように、TOEIC力は、ビジネス英語を理解する力と情報処理力からできています。ですから、この2つを伸ばす力をこれから説明します。

　まず英語力に関しては、実はこれはそれほど特別なことをする必要はありません。iPhoneやiPadを使って英語をインプットしていたら、後は『TOEIC分類単語』や『新TOEIC(R) TEST 文法・語彙問題秒速トレーニング』のようなアプリを使って、TOEICに頻出する単語や文法を重点的に勉強すれば、それで十分です。もちろん、TOEICに出てくる話題が多く出てくるビジネス書のオーディオブックや、NHK WORLD RADIO JAPONのようなニュースのポッドキャストを聞ければ、それに超したことはありませんが、興味がなければそこまでする必要はないのです。

　もっとも、文法と単語に関しては、どんな分野の単語が出るか、そしてどこまで文法が聞かれるかがはっきり決まっているので、これは先ほど述べたようなTOEIC専用の教材を使って、集中的に学ぶ方がいいでしょう。なお、文法教材に関してはアプリでも、本でも自分の好きな方を使ってかまわないのですが、単語帳に関してはアプリを使った方がいいです。なぜかというと、文字と音を一緒に使えるiPhoneを利用することで、candidateをカンディダと読んでしまうようなミスを避けることができるからです。

　それに対し、情報処理力を伸ばすためには、参考書を解くのが一番です。この時大切なのは、きちんと答えを読むことです。試験の勉強というと、ついつい問題を解いて、模擬スコアが出たらそれでよしとしてしまいがちですが、模擬スコアはあくまで現時点での予想点数を算出しているに過ぎません。大切なのは、その問題がどのような能力を測定するために出題されたのかという、出題者側の意図をきちんと理解することで、試験本番で同様の問題が出たときに

素早く対処するようにすることです。ですから、答えがあっていてもおろそかにせず、きちんと答えを見て、「どのような意図で出題者がこの問題を出したのか」を理解するようにしてください。こういう訓練をすることで、次第と「出題者がどこに注目して欲しいか」が分かってくるので、情報処理能力が上がってきます。

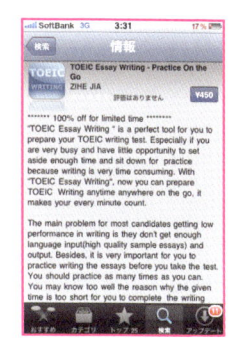

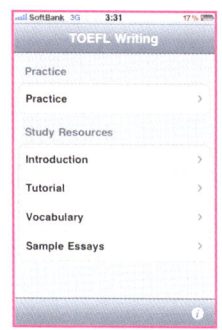

TOEICには、TOEIC swという、ライティング力とスピーキング力を測るテストがある。このテストにおけるライティング力を伸ばすためのアプリが、TOEIC Essay Writingだ。と言っても、説明などは対した事がなく、一番の利点はiPhone上で時間を測ってTOEIC SWのライティングセクションの訓練ができる事にある。パソコンに向かう時間がとれないけど、時間内で問題を解く訓練をしたい人には、次善策として優れたアプリと言える。因みに、写真の通りTOEFL版もある。

レベル別学習法　470点以下の人に

　TOEICで470点以下の人は、恐らく全てのレベルの人を対象にした模擬テストを使って学習するのは、かなり難しさを感じるのではないでしょうか？　ですから、自習をする場合は、『初挑戦のTOEIC TEST 470点突破トレーニング』(かんき出版)や『新TOEICテスト　470点突破　全パート問題集』(アルク)のような、TOEIC470点以下の人のために執筆された教材を使って、学習を行うようにした方がいいでしょう。

　それ以外には、『新TOEICテスト　書き込みドリル』(桐原書店)のような書き込み型の教材もおすすめです。これは文法編、リーディング編、リスニング編など様々な分野の教材があるので、「TOEICの勉強をしないといけないけど、どうしていいかわからない……」という人は、これらの教材に取り組んでTOEICの基礎知識を身につけましょう。

　このようなTOEIC専用の教材に加えて、iPhoneを使って自習を行う必要があるのですが、その場合まずは「TOEIC分類単語」のようなTOEIC専用の単語帳、並びにアルクの「PowerWords」のような単語帳を使って、まずは英単語に触れる量を増やすといいでしょう。単語力が上がるにつれ、分かる英語が増えてくるので、さらに英語に触れる量を増やしたくなるという、好循環になるはずです。

　今紹介したのは単語単位の学習でしたが、それと平行して「Lingopal」などでフレーズ単位の学習を行うのも、効果的です。なお、「Lingopal」の後半はナンパの文章で埋まっていますが、これは無視して、全般のTOEICに出そうな部分を勉強するだけでかまいません。具体的な使用法ですが、まだこの段階では初見で聞き取るのは難しいでしょうから、最初に自分1人で「旅行」や「宿泊設備」といったセクションを学習し、その後友人などに出題をしてもらうといいでしょう。自分で勉強しているときと異なり、他人に出題をしてもらった問題を聞き取るのはかなり難易度が高いので、できなくても落ち込まず少しずつ理解度を上げていきましょう。

こうした意図的な学習と平行して、偶発的な勉強を行う必要があるのですが、今の段階でオーディオブックなどを使うと難しくて挫折してしまう可能性があるので、まずは英語タウンから出ている『3匹のこぶた』、『長靴をはいた猫』、『3びきのくま』などの短い教材を使って、英語を読むまたは聞くという作業に慣れるようにしてください。

TOEIC 470点から700点

　このレベルにまで達すると、TOEICの教材を使って学習することが可能になっているはずです。ですから、『新TOEICテスト直前の技術』(アルク)などの模擬試験を使って勉強するのがいいでしょう。ただ、この段階では、まだまだ自力で問題を解くのに対して、難しさを感じる人も多いはずです。なので、答えを見ながら、「ああ、これはこういう理由で正解になるんだ」という感覚を理解することで、答えを導くための思考法をつけていくようにするのも悪くはありません。

　そう聞くと、「自分の力で解いてこそ実力がつくのでは？」と思われる方もいるでしょう。ですが、実は答えを見ながら解いていても十分実力がつきます。私自身、スペイン語やポルトガル語の文法問題は常に答えを見ながら解いていますが、それでも確実に上達しています。iPhoneやiPadを使って学習している人の場合、日常的にインプットを行っているので、十分に英語が染みこんでいます。ですから、答えを見ながら問題を解いても、それまで蓄積した英語から十分な「気づき」が得られるのでしょう。ですから、まだTOEICの過去問や模擬試験が難しいと感じるかたは、答えを見ながら問題を解くようにしてください。こうすることで正しい英語の知識が身につくだけでなく出題者の意図ができるようになるので、TOEICの点数を伸ばすために必要な英語力と英語での情報処理力を同時に上げることができます。

　また、さきほど述べたような単語学習を続けてもらうのは当然ですが、それ以外にこの時期から少しずつリーディングやリスニングによるインプットの訓練を行っていった方がいいでしょう。

　5章で紹介した、『チーズはどこへ行った』に関しては、TOEIC470点ぐらいあれば1冊読み切れることができるはずです。ですから、洋書を読むことに関心があるという人は、洋書＋オーディオブック＋邦訳を購入して、インプット重視の学習に取り組んでみてください。「いや、まだそれは心の準備が…」という人は、先ほど述べた『3匹のこぶた』、『長靴をはいた猫』、『3びきのく

ま』や、そのひとつ上のレベルである『不思議の国のアリス』を使って、学習を進めていくのでかまいません。

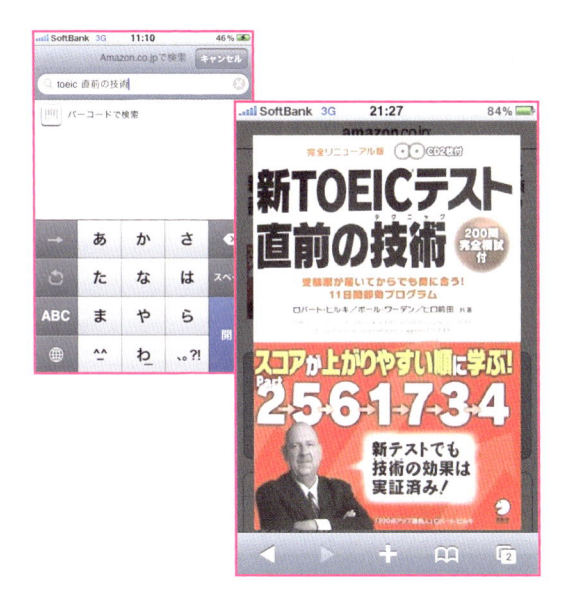

『新 TOEIC テスト 直前の技術』は TOEIC を受ける人にはマスト。とにかく1回解いて、TOEIC への対策方法を学ぼう。

TOEIC700点からTOEIC860点

　TOEIC700点を超えると、1人でも問題を解けるようになってます。なので、問題を実際に解くことで、TOEIC力を高めていく訓練をしていきましょう。まず最初に1人で問題を解き、その後自分がどこをどう間違ったかを答えを見ながら検証することで、自分の英語力をTOEICにそのまま反映させられる、TOEIC対応の英語力に変えていってください。そのための一番の教材は、公式問題集であることはいうまでもありません。

　このレベルに達すると、オーディオブックを使って、英語を勉強することが可能になります。もちろん、理解できない部分もたくさんありますが、邦訳を読んでからであれば、大体内容についていけるでしょう。なにより、TOEICで勉強した内容がオーディオブックの中に出てくると、「ああ、自分は英語が上達しているんだ」というのが実感できて、勉強が楽しくなります。しかも、オーディオブックで英語を耳から入れるようにしていると、わざわざ会話の練習をしなくても、ある程度までは英語が喋れるようになります。

　TOEICの場合、リスニングがあるとはいえ、やはりどうしても英語に接する機会は耳からよりも目からの方が多くなりがちなので、なかなかTOEICの点数が伸びてもスピーキング力が身につきにくいように感じます。ですから、今はTOEICの勉強をメインにしているけど、会話もできるようになりたいという人は、オーディオブックを多く聞くようにしてください。

　ちなみに、おすすめのオーディオブックですが、TOEICがビジネス英語である以上、やはりビジネス書の洋書を聞くのにこしたことはありません。TOEIC700から860レベルになれば、日本で人気の『七つの習慣』などの長いオーディオブックを聞いてみるのもいいでしょう。

オーディオブック『七つの習慣』

ある程度のレベルまで来たら、ビジネス洋書をインプットする習慣をつけてみよう。この時のコツは既に述べたように、邦訳を読んでから聞くこと、そしてわからないことを気にしないことだ。聞いているうちに、勝手に英語ができるようになるのに驚くだろう。

TOEIC860点以上を目指す

　TOEIC860点以上を目指す方の勉強方法としては、大きく2つに分けられます。1つは、今までに培った英語力を生かして更に英語に触れる量を増やすことで、自然に英語力があがり、勝手に点数が伸びるやり方です。もう1つは、TOEICの点数を伸ばすことだけを念頭に置き、TOEIC対策をガシガシやって、点数を伸ばしていくやり方です。

　この2つのうち、前者で勉強したいという方に関しては、特に説明することはありません。今まで説明した偶発的学習を増やす学習を自分なりに行っていれば、自然と点数は伸びます。それに対し、後者の方法で点数を伸ばしたい方ですが、この場合は少々方法が違ってきます。

　まず大切なのは、できるだけ大量にTOEICの問題、特にリーディング問題を解くことです。TOEICでは一般的に、リスニングよりもリーディングの方が点数が高く出ます。ですから、おそらTOEIC860をとっている方は、すでにリスニングに関しては満点近い数字をとっているはずなので、後はリーディングの点数を伸ばすことが大切になってきます。

　そして、その過程で大切なのが、『新TOEICテスト　直前の技術』（アルク）に代表されるTOEIC対策本をやることで身につけたTOEIC力を、大量に問題を解くことで血肉化することなのです。はっきり言えば、短期間でTOEICの点数を伸ばすにはこれしかありません。私自身、大学3年だか4年でTOEIC900点を超えて以来TOEICは全く受けていなかったのですが（私は試験そのものは得意ですが、試験を受けるのは嫌いです）、TOEICが新テストに変わった2006年に1回TOEICを受けたときに、こうしたTOEIC対策のためのメソッドの効力にびっくりしました。なぜならば、TOEIC対策を知らないときと比べて、格段に楽にTOEICを解くことができたからです。特に、リスニングに関しては、非常に楽に満点をとれてびっくりしました。

　実は、その前もずっとリスニングは満点だったのですが、それま

では集中して聞き取らなければいけなかったのに対し、この時はTOEICを教える仕事を通して身につけたTOEIC対策の知識を使うことで、余裕を持って満点がとれました。このように、TOEIC対策をやっているかどうかは、高得点をとる上で非常に重要となってきます。

実は、大学3年生にTOEICを受けた後、2006年に再びTOEICを受けるまでの間に、DVDを映画字幕で見たり、オーディオブックを聞くようになったり、GREというアメリカの大学入試に向けた勉強をすることで語彙力をつけたりと、さまざまな勉強をして、その結果飛躍的に英語力も伸びたのですが、そうした訓練よりもTOEIC対策の知識の方がTOEICの点数を伸ばすためには役に立ちました。

ですので、TOEICで高得点を取りたい方は、こうしたTOEIC力を伸ばす訓練を侮らずにやってください。もともとある程度点数がとれる人の場合、こうした訓練を甘く見がちですが、やるかやらないかで点数に大きな開きが出てきます。

以上でTOEICの勉強法に関する説明は終わりです。

TOEICで高得点を取りたい人は、「TOEIC 990」で検索して出てくるこの2冊はおすすめだ。深くTOEICを知ることができ、最後の一伸びをするのに役立つだろう。

おわりに

　冒頭でも書いたように、私は2010年の4月にiPhoneを買ったわけですが、それから約1年が経過しました。この1年間を振り返って思うのは、「iPhoneは本当にすごい！」ということです。

　まず、iPhoneを買ったおかげで、iPhoneで英語を学習する本を2冊も出すことができました（1冊は本書、もう1冊はサンマーク出版から出た『iPhone最強の英語学習術』です。）

　また、ここ数年ランニングをしていなかったのですが、「Nike+GPS」というアプリをダウンロードしたおかげで、ランニングが再び習慣化し2011年2月1日から2011年4月26日までの間に463キロも走りました。しかも、Nike Run Fwdという「Nike+GPS」を使った駅伝に参加し、総合優勝／最長距離チーム賞を貰ったチームで走る機会を与えられ、商品としてNikeのランニングシューズをもらえるというおまけつきです。

　それだけではありません。p.148で「今度スペイン語の学習者の人と会う予定です」と書きましたが、それが発端となり「外国語を話す会」というのを継続的に行うようになり、その結果講演を定期的に行うようになりました（その内容は当然iPhoneで録音し、こちらのページで公開しています http://frenchpodcast.cocolog-nifty.com/blog/2010/11/post-4320.html）。

　そして、その「外国語を話す会」の1部門である、「マーケティング洋書を読む会」を通して井手剛さんというネットマーケターの方とTwitter上で知りあいました（この時は、マーケティング洋書の会で読んでいたMarketing Lessons from the Grateful Deadという本についての解説をiPhoneのカメラでとり、それをYouTubeにアップしたのですが、それを見た井手さんが興味を持ってくれました（YouTubeで「洋書を読む会」で検索）。

　そこから今度は、井手さんの友人であり、文化人類学と写真を専門とするためにオーストラリアの大学にロータリー奨学生として進学する予定の吉本麻衣子さんに、大学院レベルで必要とされる英語を教える授業をすることになり、その結果それ以外の人にも個人授業をすることになりました。

　そして、その吉本さんに授業をしているときに、このiPhone本を出すという話をしていたら、写真が与えるイメージの重要性について説明され、その結果初めて著者近影を自著に載せることにしたのです。

　こうしてまとめて書くと、なんだか我ながら嘘みたいな話ですが、でもこれは全て事実なのです。そして、これらのでき事はみんなiPhoneがあったから起こったことなのです。これは言い換えれば、人間という

のは道具に規定されるということです。

　英語を勉強していると、よく「英語は道具だ」という指摘がなされることがあります。これは確かにある一面の事実でなのですが、その一方自分の使っている道具の性能が低いとそれに引きずられて自分のパフォーマンスが低下してしまうことも事実です。

　ちょうどiPhoneを買う前の私自身が、知らず知らずのうちに行動を自分の携帯の性能に制限されていたように……。

　であるならば、もしあなたが本気で英語を使って何かしたいという目的がある場合、英語が道具であるからこそ、道具を研ぎ澄ます必要があるのです。そして、英語という道具を研ぎ澄ます上では、iPhoneは非常に効果的な道具です。

　本書では、そのための方法をできるだけ細かく説明しました。本書を利用して、皆さんの英語力が向上し、その結果今までは見えてこなかった点が見えてくれば、著者としてはこれに勝る点はありません。

　なお、本書を書く上ではいろいろな人にお世話になりました。最後にそうした方にお礼をいうことで、本書を締めくくりたいと思います。

　まず、アプリの感想に関しては、個人的に英語を教えている伊津野翔太君にお世話になりました。実際に使用してもらい、その感想を教えてもらうことで、自分だけの視点とはまた違った観点からアプリが見られました。また、大学時代の同級生である鈴木大輔君にも、アプリに関する興味深い情報を教えてもらいました。

　著者近影を撮ってくれた吉本麻衣子さん、そして吉本さんに引き合わせてくれた井手剛さんにも、ここで改めて感謝したいと思います（ちなみに、先ほど述べた「Nike+GPS」の存在を教えてくれ、また総合優勝/最長距離チーム賞を受賞したチームで走る機会を与えてくれたのも井出さんです。井手さん、いろいろとありがとうございます）。

　そして、最後になりますが、本書の編集者であり、iPhoneの利便性を教えてくれた山田さんに感謝の意を述べたいと思います。2010年の1月に山田さんと昼ごはんを食べたときにiPhoneをすすめてもらわなければ、この本が書かれることはなかったでしょう。本当にありがとうございました。

　ここに名前を挙げていない人にも、様々な形でお世話になっています。みなさん、ありがとうございました。改めて感謝の気持ちを表すと共に、ここで筆をおこうと思います。

2011年4月26日
著者

著者 井上大輔（イノウエ ダイスケ）

1978年3月24日生まれ　東京生まれ、福岡育ち
早稲田大学英文学専修卒業後、早稲田大学文学研究科仏文専修で修士課程修了。その後、上智大学外国語学部大学院にて、ロマンス語学と第二言語習得を研究。

主な著書に『フランス語会話フレーズブック』（共著、明日香出版社刊）、『捨てる英語、拾う英語』（クロスメディア・パブリッシング刊）、『日常スペイン語会話ネイティブ表現』（語研）などがある。

©吉本麻衣子

- ● ブログ　カメハメ日記　http://frenchpodcast.cocolog-nifty.com/blog/
- ● twitter　inouedaisuke324
- ● mixi コミュ主催（外国語を話す会）
  http://mixi.jp/show_profile.pl?id=1620400

---

iPhone&iPadで英語をモノにする！
TOEIC900点も夢じゃない学習法教えます

2011年6月20日　初版発行

著者	©井上大輔
装丁・組版	阿部賢司
イラスト	Martin Faynot（http://www.cafemarutan.com）
印刷・製本	三友印刷
発行者	井田洋二
発行所	（株）駿河台出版社　〒101-0062　東京都千代田区神田駿河台3-7
	TEL 03（3291）1676（代）　FAX 03（3291）1675
	http://www.e-surugadai.com　E-mail: edit@e-surugadai.com

本書の無断複写複製（コピー）は、特定の場合を除き、著作権・出版社の権利侵害になります。
Printed in Japan